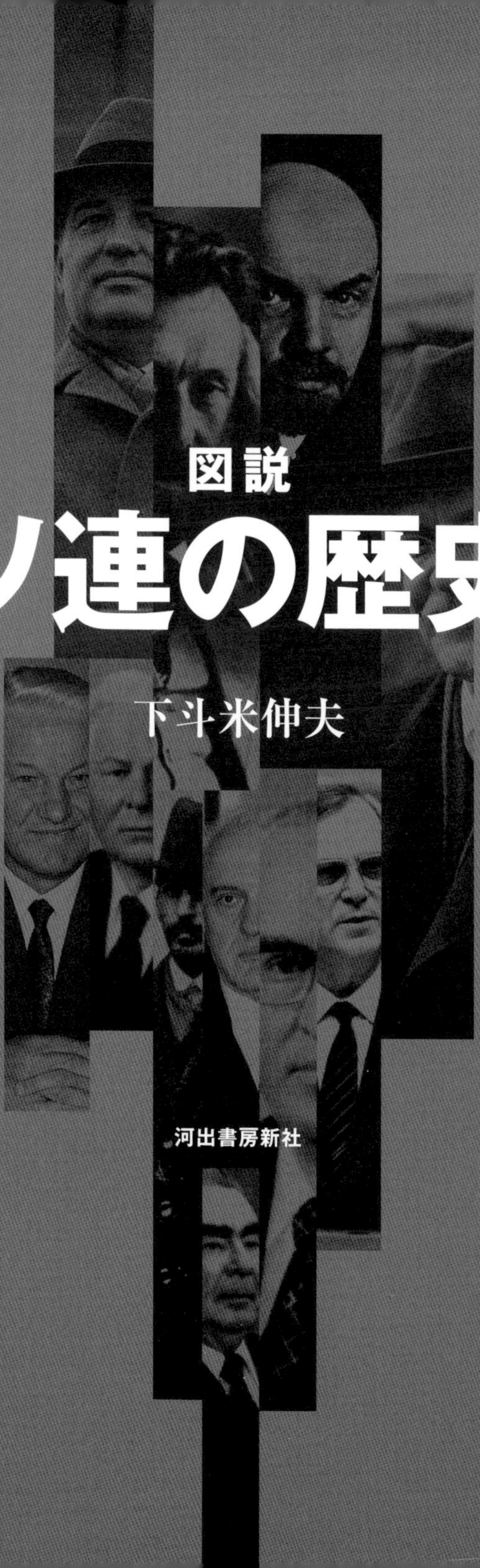

図説

ソ連の歴史

下斗米伸夫

河出書房新社

図説 ソ連の歴史

目次

はじめに

ロシアにとってだけでなく、二〇世紀最大の世界史的事件が一九一七年のロシア革命と九一年のソ連邦（以下ソ連）の崩壊とであることに異論は少ないだろう。ソ連はソビエト社会主義共和国連邦の略称であるが、これはソビエト型社会主義をめざす共和国の連邦という意味であって、ここに特定の地名はない。実際にソ連は、旧ロシア帝国を主要な版図としたユーラシアの大国として、「共産主義」というイデオロギーを掲げ、「資本主義」に対抗した社会主義の実現を、少なくとも当初は世界規模でめざした体制でもあった。また戦後は米国とともに超大国として冷戦の一方の極でもあった。なぜそのような理念が挫折し、国家は脆くも崩壊したのか。歴史とは多くの因果連関が結びついた結果である。先の設問に答えるにもいろいろな切り口があろうが、なぜこのような体制が生まれ、そして七四年後に崩壊したかが問われなければならない。

地球は一つというグローバリズムの認

識が世界に広がったのは二〇世紀になってからである。その理由は二〇世紀前半、欧州発の二度の戦争が起き、これがロシア（ソ連）や米国を含めた世界的紛争となったからでもある。なかでも第一次世界大戦は多くの若者を戦場にかり出し、市民をも巻き込んだ。また国家は経済に関与し、市場を管理した。このことに反撥し、反戦と社会主義のユートピアが生じた。欧州の周辺帝国であったロシアでは、この事情に加えて「モスクワは第三のローマ」といった東方キリスト教的なメシアニズムもあった。とりわけ一七世紀後半のニーコンの正教会改革に際して広範な抵抗が生まれ（古儀式派）、この潮流は教条主義や禁欲主義、献身といった心性をロシア人のあいだで育んだ。体制への嫌疑と反体制的なネットワークへの傾斜、これらが共産主義という理念を生み出す淵源となる。こう指摘したのは亡命哲学者ニコライ・ベルジャーエフであった（『ロシア共産主義の起源と意味』）。

共産党という名の党とソビエト国家による体制をつくったのはウラジーミル・レーニン（一八七〇—一九二四）である。本名はウリヤノフ。ボルガ河畔という一七世紀以来民衆反乱の拠点であった地に生まれ、一八八〇年代末にマルクス主義の洗礼を浴び、革命運動に関与した。彼の思想と行動は、労働者や農民、非抑圧民族の解放と世界革命を掲げ、ある人々には希望を、そして別の人々には反感を与えた。

ソビエトは会議という意味であり、日露戦争後の民主化により繊維工業の中心イワノボ・ボズネセンスク（現イワノボ）で最初に生まれた言葉である。一九一七年の二月革命によるロシア帝国の崩壊、一〇月革命の結果としてソビエト名の国家体制が生まれた。しかし権力を握ったのは実体的にはボリシェビキという党派であり、一八年に社会民主労働党の分派から共産党へと改称する。世界規模での革命と共産主義というユートピアはまもなく廃れるが、ソビエト国家と共産党（以下支障のない限り党と略）という制度が生まれた。

10月革命の兵士たち
ペトログラードのスモーリヌイの前に立つ労兵ソビエトの兵士。多くは農民であった。実際には首都での10月の転換自体はほとんど無血で、同士討ちの数名が亡くなっただけであった。

ウラジーミル・レーニン　1870−1924
レーニンは1870年、ボルガ河沿岸で下級貴族となった教育官僚の家に生まれた。ロシア人だがユダヤ系やドイツ系、さらにはカルムイク人というモンゴル系の血も流れている。実兄はナロードニキ派の活動家だったが、皇帝暗殺に関与し処刑された。彼の無神論はこのときの体験に由来する。カザン大学法学部で学ぶが退学処分。その間シベリアに流刑されていたレーニンはスイスに亡命、ロシア・マルクス主義の父プレハノフと交わる。その後党は分裂、メンシェビキに対しボリシェビキ派を率いた。1905年、日露戦争の敗北で帝国は揺らぎ、ソビエトが生まれるなど民主化が始まる。レーニンはスイスに亡命したが、17年、予想もしなかった2月革命が始まったロシアに帰国すると、全権力をソビエトへのスローガン（4月テーゼ）で権力奪取を主張、農民・兵士の支持を集め、10月革命で初代革命政府である人民委員会議議長となった。18年のテロもあり、22年には倒れ、24年1月死去。

ニコライ・ベルジャーエフ
1874−1948
キエフ生まれの哲学者。初期ロシア社会民主労働党に参加、マルクス主義からやがてカント哲学に関心を示し、「道標」（1909年）等に参加。10月革命後、22年に追放され、ベルリンとパリに住んだ。

レーニンが亡くなる一九二四年当時のソ連は人口の八割が農民の国家であったが、自由市場を認めた新経済政策（ネップ）の経済復興が生じる。主眼は農業と軽工業の回復であった。しかし二〇年代末に実権を握ったジョージア人のスターリン共産党書記長のもとで「上からの革命」という工業化と農業集団化が起きる。スターリンとは鉄の男とでもいう意味の党名であるが、実際彼は鉄鋼業など重工業化をめざした。三〇年代にはそのために多くの農民を犠牲にすることもいとわなかった。数百万規模の飢饉や収容所送り、そして粛清の恐怖が広がった。他方では多くの若者を都市と工業に導き、大量の専門教育を行い、結果的にはその独裁体制の墓堀人となる社会層を準備することにもなった。

このような変化は、一九三〇年代の世界経済体制の崩壊と、ナチズムの台頭のような変動のなかで起きた。スターリンはそれまでの「階級戦争」といったレトリックから欧米協調と国内での強権的統合へと基調を変えた。第二次世界大戦は大祖国戦争とよばれたが、その勝利には二七〇〇万人ともいわれる犠牲を払った。冷戦期ソ連は一転して米国と対立する超

ヨシフ・スターリン　1878−1953
ジョージア人革命家、ソ連の政治家。1879年12月21日が公称の誕生日とされてきたが、実際は78年12月18(6)日。ジョージアのゴリで生まれ、本名ジュガシビリ、党名は鉄の男の意味。神学校時に革命運動に関与、1912年にボリシェビキ党の中央委員として民族問題の専門家となる。2月革命時は穏健路線をとるが、10月革命に参加。民族人民委員として19年には政治局員、22年から党書記長、29年までに全権限を握りスターリン体制を確立した。41年には首相兼務、ヒトラーを過信し緒戦で敗北するも戦争を勝利に導き、戦後は世界の社会主義体制の頂点として冷戦の一方当事者となる。53年3月5日没。

イワノボ・ボズネセンスク
ボルガ河に近い都市。19世紀に繊維工業の中心となり「ロシアのマンチェスター」と呼ばれる。写真は1905年の革命時の労働者集会であるが、当時の労働者の3分の2は古儀式派系の信徒であったといわれる。

大国になり、勢力圏となった東欧などに積極的に関与した。他方、中国共産党の権力掌握（一九四九年）以降、東アジアの対立は朝鮮戦争に至った。

後任のフルシチョフは、五六年の第二〇回党大会で、一九五三年三月に亡くなったスターリンを批判、また平和共存政策を進めたが、六二年にはミサイルの持ち込みをめぐるキューバ危機で人類は破滅の淵に立った。次の指導者ブレジネフらは七〇年代に東西の緊張緩和を進め経済協力も始まったが、他方で中ソ対立が深刻化する。世界的な原油価格高騰のなかソ連には産油大国の顔もあった。だが改革を怠った結果、アフガニスタン介入からポーランドでの「連帯」の台頭まで、超大国の限界も露頭する。八五年、書記長ゴルバチョフの始めたペレストロイカは大きな反響を呼び、とくに東欧で、「ベルリンの壁」崩壊と市民革命、そして国内での民族主義の台頭の結果、ついには九一年一二月のソ連崩壊にまで至る。ユートピア的理念は共産党の独裁体制とともに七四年しか続かなかった。

こうしてソ連は単なる地域国家の歴史や帝国の興亡にとどまらない歴史をたどった。同時に世界大でこの体制への敵と支持者とが、それぞれ独自の「ソ連」論を展開してきた。ソ連研究はとくに一九五六年のスターリン批判から本格化したが、冷戦の分極的な雰囲気に加え、ペレストロイカ以前は史料不足も手伝って研究者もおかれた磁場から自由でなかった。しかしなぜこの体制が生まれ、そして崩

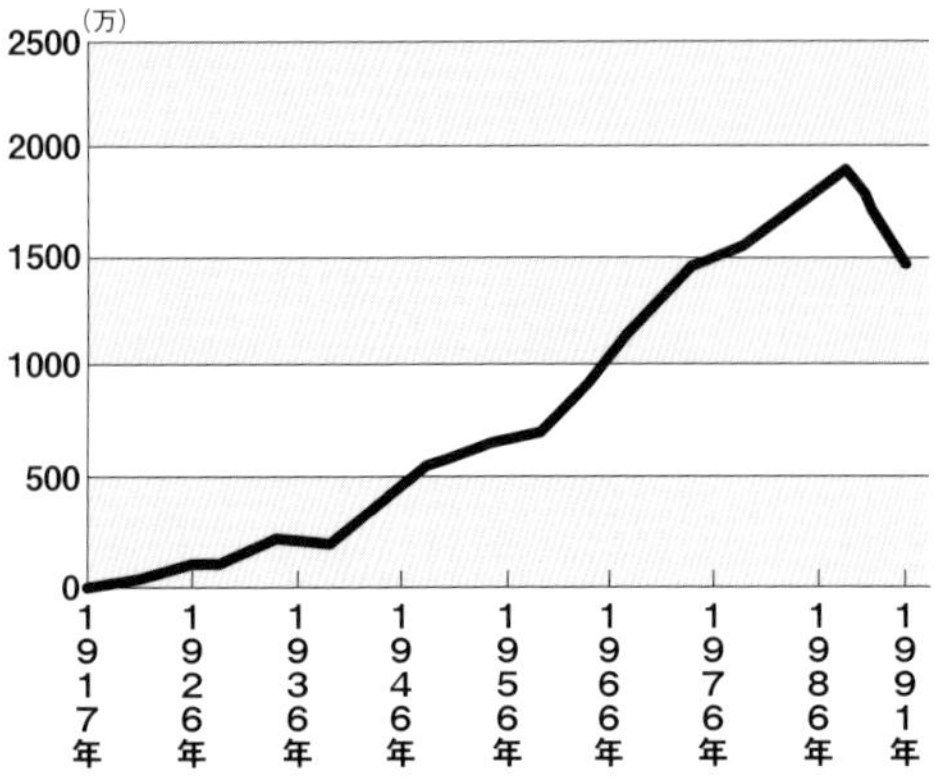

共産党員数の変化　1917−1991
ソ連共産党も革命前の少数派前衛党から、1970〜80年代の最盛期には成人の10人に１人は党員という大衆政党へと変貌した。

ミハイル・ゴルバチョフ
1931−
ソ連の政治家。最後の書記長で大統領。ペレストロイカで政治改革や国際関係転換をはかり、冷戦を終わらせる。改革から崩壊へと至る道を最小限のやり方で文明的な社会へと導いた。核問題や東欧解放などの功績でノーベル平和賞（1990年）。写真は、レーニン廟からメーデーを祝う参加者に手を振るゴルバチョフ。1985年５月１日撮影。（写真提供・RIA Novosti／PANA）

壊したか、基本から見直さなければならない。これまでのソ連論・研究に陥穽《かんせい》がなかったか。現在どのような新視点が必要なのか。

　これまでのソ連史全般に関する再評価を行うには紙幅がないが、ゴルバチョフが始めたペレストロイカによる歴史の見直しをきっかけに史料調査などの可能性も広がった。その後世間の関心は反比例し、旧ソ連地域でも史料の公開度はその後低下している。日本でのソ連史はロシア史研究者が片手間で行う研究から脱皮し、ネップやスターリン時代を中心に集団化や飢饉、労働、都市や民族研究で水準を維持した。しかしソ連崩壊後にはさらに新しい史料や視角が登場している。

　本書はこのような角度からソ連史の展開を、統治党の変容と政策の展開、それへの社会の反応を軸に、一〇月革命から崩壊に至る七四年間を辿る。それらをわずかな紙幅で語ることは容易ではない。その統治党の変容も、(一)革命期の少数前衛党におけるカリスマ指導者と使徒集団的な関係、(二)ネップ期の一党独裁・大衆的統治党への変容、(三)スターリン独裁のもとでの動員機構と統制的支配の道具、(四)フルシチョフ以降の改革と保守期における、国家統治機関と化した装置、エリートの経済利害の統合、(五)ペレストロイカでの改革をめぐる混乱から崩壊、といった変貌を経た。

　何がソ連崩壊の原因であったのか。これをめぐっては指令経済の不完全性や政治的自由の欠如、専制と警察国家、宗教的不寛容からテロルといった多くの理由があげられる。しかしソ連崩壊は、このような現象が顕著であったスターリン時代には起こらなかったことも事実である。また石油価格低下からアフガニスタンなどでの「帝国の過大関与」に至るまで多様に論じられた。それにしても崩壊は突然やってきた。一九九一年八月クーデターの過程でボリス・エリツィンがクーデター派をソ連法ではなく、ロシア法で処罰すると表明したとき、ソ連国家は完全な機能不全に陥った。それまでに財政・金融危機が表面化していた。ロシア政府がソ連軍への財政支出を決めたとき、一二月のソ連崩壊は運命づけられたといえよう。ウラル出身のエリツィンら急進的改革派が崩壊を推し進めた。

　本書がこれら二〇世紀を運命づけたソ連史理解への道案内となっているかは、読者の批判を待ちたい。

第一章 ロシア革命とソビエト国家 1917-21

「ノーボエ・スローボ」 ロシア最初の合法マルクス主義の雑誌。1894−95年に出版され、プレハノフやレーニン、ツガン＝バラノフスキーやゴーリキー、ブルガーコフ、トロツキーら後に分かれる各派の論客が執筆している。

一〇月革命

ロシア革命のキーワードとはソビエト、レーニン、そして共産党である。

ロシアでは一九一七年二月に首都で女性労働者のパンを求めるデモが起き、これをきっかけに三世紀以上続いた帝政が崩壊した。一八世紀はじめにできた帝国の創始者ピョートル一世にちなんだ首都サンクトペテルブルクは、大戦期にペトログラードというロシア語表記に改名されていた。首都だけでなくモスクワなどでも、ソビエトという大衆組織が一七年を通じて兵士・労働者、農民のあいだで広がり、急進化した。このため二月革命で生まれたリボフ公やグチコフら改革的自由主義派の臨時政府は、既に状況を制御することが困難になり始めた。アナーキーな革命が広がり、これへのコルニロフ将軍ら軍保守派の反動などで危機は深刻化していた。

こうしたなか、一九一七年一〇月二四、二五日（現在のグレゴリオ暦で一一月七、八日）、首都で開かれた第二回全ロシア・ソビエト大会を前に、革命派でメンシェビキだったが、ボリシェビキに合流したレフ・トロツキーらが軍事革命委員会を組織、革命派は当時臨時政府のあった冬宮を急襲、穏健社会主義者ケレンスキー内閣の主要閣僚を逮捕した。これを受けて開かれた同ソビエト大会は旧政府を廃止、新たに人民委員会議という名の「労働者農民政府」の形成を宣言した。これがいわゆるロシア一〇月革命である。

政治過程をみると実態は革命というよりは首都での少数急進派武装部隊によるクーデター、ロシア語でいうポボロート（転換）に近かった。だが本書では二〇世紀史に名を残す転換の契機となったという意味で革命といおう。そこには一六六七年に反乱を起こしたステンカ・ラージンや一七七〇年代半ばのプガチョフの農民反乱といったロシア史の古層も見え隠れした。

当初この革命政権は、共産党の前身である社会民主労働党ボリシェビキ派と農民運動の系統の左派エスエル（社会主義者革命党）との連立であった。革命主導者で人民委員会議議長、つまり首相となったのはレーニンという党名を持つ革命家ウラジーミル・ウリヤノフであった。

レーニンは一八九〇年代首都で広まったマルクス主義サークルに関与、合法マルクス主義者のピョートル・ストルーベらと交わった。九八年にミンスクで開かれた社会民主労働党創立大会には逮捕されていたため参加していない。その後スイスに亡命、ロシア・マルクス主義の父ゲオルギー・プレハノフと交わり、機関紙「イスクラ」を発行する。

その後党は、一九〇三年の第二回大会でレーニン率いるボリシェビキ派と、マルトフらのメンシェビキ派とに分裂した。一七年当時スイスに亡命していたレーニンは予想もしなかった二月革命が始まると、ドイツ軍参謀本部の仕立てた列車で四月に帰国、「全権力をソビエトへ」のスローガン（四月テーゼ）により権力奪取を主張、急進化した農民・兵士の支持を集めた。ソビエトの会議でボリシェビキは土地を農民委員会に引き渡すこと、軍隊の民主化、生産への労働者の統制を主張した。このことは人口の圧倒的多数を占める農民の土地への欲求と合致し、革命派政府への支持に拍車をかけた。地方でも権力はソビエトへと移る。こうして首都ペトログラードでの政治転換＝革命は成功した。

ゲオルギー・プレハノフ　1856−1918
プレハノフはタンボフ県生まれ。ナロードニキ系の「土地と自由」派の活動家であったがテロに反対して「土地総割替」派からマルクス主義者に転向、最初のロシア・マルクス主義指導者となり「労働解放団」を組織する。しかしロシア資本主義の性格からブルジョワ民主主義革命を志向するメンシェビキとして、レーニンの10月革命による権力掌握を批判した。

ピョートル・ストルーベ　1870−1944
社会民主労働党第１回大会の宣言の起草者だったが、まもなく1905年までに立憲民主党（カデット）という自由主義政党の党首となる。10月革命後パリに亡命する。

カール・カウツキー　1854−1938
ドイツのマルクス主義の大御所。レーニンも学んだ大家だが、10月革命のロシアを兵営共産主義と批判したことからレーニンによって背教者とされ、社会民主主義と共産主義との世界的大分裂へと至った。図版は20年代末の戯画。

しかしマルクス主義の世界的指導者カール・カウツキー、プレハノフやプロレタリア作家のマクシム・ゴーリキーらはロシアでの革命派による権力奪取は時期尚早であると反対した。ボリシェビキ派内でも、レーニン側近のグリゴリー・ジノビエフやアレクセイ・ルイコフなども批判的で、一時ルイコフは、新革命政権から離脱した。当時は社会主義諸派からなる連合政府や憲法制定会議といった権力構想も存在していた。後者のための選挙は一一月に行われ、レーニンも当初は憲法制定会議を支持していたが、選挙結果はエスエル系が有利だった。左派エスエルの支持があったレーニンはその解散を指示、第三回ソビエト大会でソビエトによる社会主義への革命を呼号した。こうしてロシアにおける自由主義的議会主義の時代は短期に終わり、プロレタリア権力による独裁という急進路線が進められた。

「全権力をソビエトへ」

ソビエトとは協議会とか会議という意味であって、日露戦争後の民主化運動の産物である。一九〇五年に繊維工業の中心イワノボ・ボズネセンスクで最初に生まれた労働者・農民の自主組織であった。その起源については定説はないが、最近帝政によって抑圧されてきたロシア正教の異端派である古儀式派との関係が議論されている。

古儀式派とは、一七世紀なかばニーコン総主教が唱えて、帝国と国教会が進めた儀式改革に反対した伝統的潮流だったが、当局に抑圧された。内部に多くの異端が分化したが、一部は抑圧をかいくぐって敬虔さと勤勉さで蓄財、そのなかから一九世紀を通じて繊維工業等の大資本家を生み出した（グチコフ、リャブシンスキー、モロゾフ）。資本主義を生み出した西欧のプロテスタントと似ているが、帝政ロシアとその首都ペテルブルクを「アンチ・クリスト」であると忌避、代わりに「モスクワは第三のローマ」と考え、モスクワやボルガ河沿岸からウラルなどの農民に多くの信者をもった。実際レーニンも、推定で人口の二割に達していた古儀式派を反帝国の同盟者と考え、腹心のボンチ・ブルエビッチに接近を命じた。ベルジャーエフが「マルクスを読む古儀式派」といった活動家群がロシアに誕生した。

反帝国意識をもった宗教的異端潮流、とくに無司祭派の信徒の集まりからソビエトが発達したという説（「歴史の諸問題」・二〇〇二年五月・シャフナザロフ論文）

マクシム・ゴーリキー
1886−1936
プロレタリア作家で、本名はペシコフ。『母』『どん底』などの作品で有名。1890年代ニジニ・ノブゴロド市で活躍、同市でユダヤ系の革命家スベルドロフ、またモスクワでサッバ・モロゾフなど有力な古儀式派資本家と交わり、後者がボリシェビキ党に献金するのに役立つ。しかしレーニンとは意見の対立も多く、とくに1917年10月の権力奪取に批判的でイタリアに亡命していたが、30年、スターリンの招きで帰国した。

ゴーリキー『母』の表紙

は、帝国崩壊と同時にこの組織が生まれた理由を説明しており、魅力的な仮説である。古儀式派資本家が所有していた繊維工場の労働者の多くが農民出でもあり、工場での変化は農村にも伝播した。レーニンの弟子で古儀式派の専門家でもあったボンチ＝ブルエビッチが一〇月革命後、政府の初代官房長官となった。

こうして「全権力をソビエトへ」というレーニンの考えは、農民・兵士に広まり軍と帝国の崩壊を助長した。レーニンは一九一八年一月の第三回ソビエト大会で農民ソビエトと労兵ソビエトとを統合、社会主義共和国を名乗った。ソビエト執行委員会議長には、農民出のボリシェビキ党員ミハイル・カリーニンがなった。ソビエト政権は同年三月に遷都、モスクワは第三インターナショナルという世界的革命の中心となった（アバンギャルド建築家タトリンの記念塔は模型だけで、現実には建たなかった）。

革命は既成秩序に抗する異質なものを瞬時に融合する。西欧派的なマルクス主義の理念が、レーニンを介して急進化した農村と融合した。ソビエトはその媒介となった。当時ロシアの工業労働者は人口の二パーセント以下であったが、社会的基盤をもたない少数派政党が権力を握った理由は、レーニンが革命当時農民の心を掴んだからである。ロシアは気候が悪く、土地も広すぎ土地私有制があまり定着しなかった。多くの土地は「神のもの」とされ、ミールと呼ばれた共同体が管理してきた。日露戦争後の首相ストルイピンは共同体を解体、個人農創出を進めようとしたが一九一一年に暗殺された。大戦末期動員された兵士は武器を持って農村での革命に参加した。この流れに乗じたレーニンは最初に土地の布告を出し、

ДЕКРЕТЪ О ЗЕМЛѢ

Съѣзда Совѣтовъ Рабоч. и Солдат. Депутатовъ.

О землѣ.

Вопросъ о землѣ можетъ быть разрѣшенъ только всенароднымъ Учредительнымъ Собраніемъ.

Самое справедливое разрѣшеніе земельного вопроса должно быть таково:

Предсѣдатель Совѣта Народныхъ Комиссаровъ

Владиміръ Ульяновъ-Ленинъ.

ДЕКРЕТ О ЗЕМЛЕ, ОТПЕЧАТАННЫЙ В ВИДЕ ЛИСТОВКИ ДЛЯ РАСКЛЕЙКИ — 8 НОЯБРЯ (26 ОКТЯБРЯ) 1917 Г.

Уменьшено

土地の布告　レーニン政権の最初の布告である「土地の布告」。実際はボリシェビキ党の主張である国有化ではなく、エスエル党系の主張である土地の社会化をレーニンが取り込んで、農民の支持を得た。

ウラジーミル・ドミトリエビッチ・ボンチ＝ブルエビッチ　1873−1955
モスクワの下級貴族出で測量士の家に生まれ、レーニンの出版活動を助け、最初の革命政府である人民委員会議の事務局長、つまり官房長官ともなる。1920年、赤軍のトロツキーとぶつかり辞任、その後はソ連期の宗教問題の権威となる。

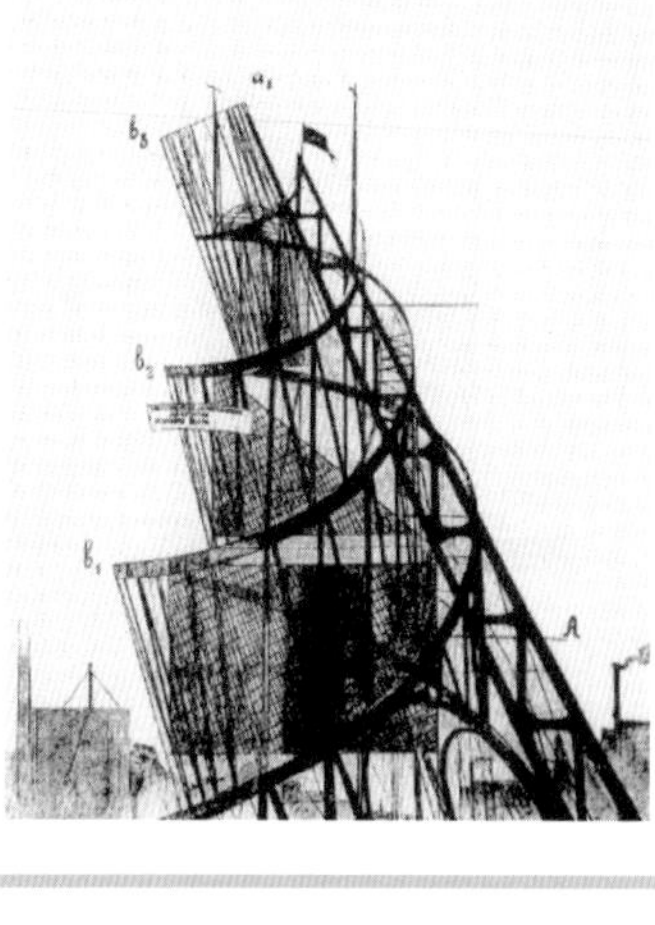

第3インターナショナル記念塔
ウラジーミル・タトリン（1885－1953）設計。タトリンはロシア革命に共感した造形作家、建築家。第3インターナショナル記念塔の模型を1920年につくったが、塔は建たなかった。

レフ・トロツキー　1879－1940
ロシア革命の指導者、ユダヤ系で1903年の党分裂ではメンシェビキを支持。05年ではペテルブルク・ソビエト議長であったが、17年にはレーニンに協力、10月蜂起を指導する。革命後外務人民委員、そして赤軍を創始する。20年代はスターリンらと対立29年に追放され、第4インターナショナルを創設するが、40年スターリンの刺客によりメキシコで暗殺された。

ニコライ・ブハーリン　1888－1938
ロシア革命とソ連の政治家。1906年、ボリシェビキに加盟。亡命中はウィーンやニューヨークで理論家として活躍し、17年革命期日本経由で帰国。左派として『共産主義のＡＢＣ』などを執筆、その後20年代はネップ時に党内右派理論家として「プラウダ」編集長、27年からコミンテルン書記となるが、29年にはスターリンと対立、政治局を追われる。30年代は憲法起草にも関与するが、第３次モスクワ裁判で粛清処刑。

左派エスエルの土地社会化綱領を採用、共同体復活に拍車をかけた。ロシア農村では、こうしてマルクス主義者の権力のもとで伝統主義的な革命が生じた。農村に拠点がなかったレーニンの政府は一時的とはいえ農民の支持を得ていた。

共産党権力の維持

革命とは崩壊でもある。旧来の秩序が解体する過程で起きる現象である。一九一七年の革命を通じ、ロシア帝国からフィンランド、ポーランド、バルト三国（エストニア、ラトビア、リトアニア）だけでなく、ウクライナ、ベラルーシ、グルジア、アルメニア、アゼルバイジャンなどが独立した。一八年三月三日ドイツやその同盟国と結んだブレスト・リトフスク講和条約でレーニンは、革命戦争を呼号したニコライ・ブハーリンら左派の講和反対論を押し切ってウクライナなどを放棄した。最初の外務人民委員トロツキーは中間派であった。こうした結果、革命権力の支配地域は当初は限られ、ウラルやモスクワ州までもが一時は独立を掲げた。アジア部では二〇年四月から二二年一一月まで極東共和国が緩衝国家としてできた。

一〇月革命直前レーニンは、著作『国家と革命』のなかで、共産主義のもとで国家は死滅するという半ユートピア的な観点を披瀝した。だが彼は未来の政治のなかで国家がいかなる機能を果たすかは考えなかった。しかし権力をとったレーニンは一転して冷酷な現実主義者となった。革命後の「ソビエト」国家建設では特に内戦に必要な治安・軍事機関の建設がアドホックに行われだした。実際レーニンとボリシェビキは、権力奪取を正当化するためにソビエトを利用したにすぎなかった。ソビエトは次第に空洞化、未熟な市民社会の基盤となるかわりに急速に台頭した党権力の隠れ蓑ともなった。

ラブル・コルニロフ
1870−1918
帝政ロシア陸軍の将軍、1917年7月総司令官としてケレンスキー政権に革命派への強硬策を進言、クーデターを起こすが失敗、10月革命後はロシア南部で白軍指導者だったが4月に戦死。

こうしたなか実際権力の中心となったのは、一〇月革命後にロシア共産党（ボリシェビキ）と名乗ることになった党であった。この党は社会民主労働党として創立されたが、レーニンは一九〇三年の第二回大会の分裂時、一時的に多数派となったボリシェビキ党を率いた。その後党内外にはいくつかの潮流の離合集散があったが、一八年三月の第七回党大会で党名をロシア共産党と改め、パリ・コミューンに始まるプロレタリア権力であると自らを位置づけた。けれども一八年春以降、権力とその支持基盤のベクトルは大きく異なり始めた。党とソビエトとの間で亀裂が深まり、一種の二重権力状況すら顕著になった。

権力にとっての最大の関心とはその維持である。革命の指導者が最初に取り組んだのが赤軍や非常委員会といった革命権力の組織化であった。最優先されたのは旧軍に代わる革命の実力部隊、赤軍の組織化であった。当時は赤衛軍という武装組織しかなく、この常備軍建設を担当したのがトロッキーだった。外務人民委員から軍事人民委員となって二月からは労農赤軍建設を指導した。パルチザンや人民武装を主張する党内世論を押しのけ、トロッキーは旧軍将校を専門家として採用、これに党の政治委員を監視役としたが、彼の行政主導の軍建設には批判も多かった。

一九一八年五月には、旧ロシア帝国軍とともに闘ってシベリアにいたチェコ軍団の反乱を契機に内戦が本格化し、外国も軍隊を送って干渉した。内戦では白軍のデニキン、ウランゲリ、コルチャークなどが地方で反乱を起こし（一五ページ地図）、赤軍のフルンゼやトハチェフスキー等と戦ったものの有力な指導者はなく敗北する。その過程で七月、ニコライ二世が家族とともにエカテリンブルクで革命派により射殺された。連合国は同盟国ロシアの戦線離脱を許さないと英国や日本が干渉し、事実日本軍は二二年一一月までシベリアへ出兵した。また独立したポーランドもウクライナへ干渉した。もっとも権力もまた世界革命の名で革命の輸出を呼号した。

飢える都市と農民

レーニンも権力掌握後組織化を強行した。内外の「敵」との闘争、都市の革命権力を維持するため、とくに農民から兵士・食糧・馬を調達することは革命権力が生き延びるためには不可避であった。一九一八年五月には食糧独裁令で穀物や馬を農村社会から必要に応じて強制的に調達し始めた。これ以降の戦時共産主義期には、権力と農村、党とソビエトとの予定調和は終わり、白軍も交えた激しい内戦となった。政府は貧農委員会や食糧徴発隊をつくったが、これを拒む農民との闘争は熾烈を極めた。

超インフレ状況で都市と農村のあいだの市場経済は消滅、穀物を売る農民はいなくなり、銀行の国有化で金融システムは危機に瀕し、通貨は機能しなかった。こうして穀物を農村から権力的手段で奪うことが「戦時共産主義」の課題となった。この経験をブハーリンら当時の共産主義イデオローグは党綱領（一九一九年）のなかで貨幣や市場なき「社会主義経済」のモデルとして定式化した。これは世界の共産主義のドグマとして半世紀以上刷り込まれることとなった。

農村も都市も飢え、権力と農民との関係は一転して対決モードになった。ソビエト内でも対立と混乱が生じた。一九一九年の第八回党大会で権力は中農との和解を決議したが遅かった。けれども中央権力と地方とが対立する場合、前者の勝利に終わりがちである。地主が支持した白軍復活を恐れた農民は最後にはレーニンの革命を守るしかなかった。

革命擁護のため内務人民委員部ができ民警を統括したが、党内右派のルイコフはレーニンと対立、権力は不安定であった。激化する「反革命とサボタージュとの闘争」のための非常委員会（チェーカー）が一九一七年一二月にできたが、こ

1917－1922年のロシア（ソ連）
ロシアでの外国の介入と反革命軍。とくにユデニッチ、ウランゲリ、デニキン軍の位置を示した。

ゼルジンスキーと秘密警察
フェリックス・ゼルジンスキー（写真中央）はポーランド貴族の家に生まれた革命家。革命後非常委員会（チェーカー）を組織、赤色テロルを命じ、レーニン時代だけで14万人を殺害したといわれる。

ヤコフ・ユーロフスキー
ツァーリを処刑した人物。1905年にボリシェビキ党入党。その後、エカテリンブルグで写真館を営むが、革命とともにチェーカーに関与。1918年6月にニコライ2世らロマノフ一族を処刑する。38年に亡くなるまでそのことを自慢したという。

れが二二年から統合国家保安部（OGPU）、三四年から内務人民委員部（NKVD）、そしてスターリン死後は国家保安委員会（KGB）というソ連の政治警察の起源だった。指導者はポーランド系のフェリクス・ゼルジンスキーだった。

とくに非常委員会は白色テロに対抗、「直接党の機関」として赤色テロをも行使する。「反革命」との対抗上、秘密部はむき出しの暴力行使をいとわなかった。このもとの収容所は、なかでもソロベツキー収容所がもとの北部の修道院跡にできスターリン時代に拡大する。

政権当初は左派社会主義者革命党（エスエル）との連立政権であったが、農村

女性解放のポスター　女性解放は革命のスローガンの１つであって、革命後は堕胎の自由から婚姻の自由などを手に入れた。同時にしばしば物質的な基盤もなしに男女平等の負担も負うことになった。

ソロベツキー諸島（修道院）
15世紀白海につくられた修道院でツァーリの尊崇を受けたが、17世紀のニーコンの教会改革に反対、10年近く政府に武装抵抗した。1923年から収容所となり、スターリン時代農民や知識人などが送られた。92年に世界遺産となる。（写真提供・アフロ）

政策への不満もあって彼らは一八年六月に政権を離脱、蜂起、レーニンにテロをも行使したものの敗退する。この結果、革命ロシアは早くも半年で一党制国家となり、九一年八月まで七三年にわたり一党独裁が続くことになった。

一九一八年後半以降の戦時共産主義期、革命権力と農民との関係が悪化した。農民にとってはボリシェビキとはツァーリを追放し土地を与えた解放勢力だった。だが一八年五月の食糧独裁令をきっかけにコムニストとは穀物を強制的に取り上げる権力として農民には表象された。党は貧農委員会などを上から組織したため、一八年秋までに農民の不満から徴兵拒否も生じ、一部農民は赤軍との闘争で決起した。ソビエト権力支持の古儀式派や宗派の一部も赤軍に徴兵拒否した。こうして革命権力と白軍、それに農民の三つのあいだで対立が生じ、ソビエトは党、軍や非常機関によって機能を奪われ形骸化するか、さもなければ農民反乱の基盤となった。

革命への反抗

一九二〇年前後の党権力に対するシベリア、ボルガ、ウクライナなどでの農民反抗の実相は、ソ連末期以降史料が出版された。彼らの要求は「コムニスト抜きのソビエト」だった。西シベリアからカザフにかけての二一年春の農民蜂起には一〇万人が参加、赤軍が「匪賊」鎮圧に当たった。蜂起の原因は食糧徴発への抵抗であった。「反革命派」が解体された後も農民の共産党への不満は残った。ウクライナでもネストル・マフノが指導する運動があった。彼らは白軍にも反対だったがドン、クバンなどの農村では蜂起が広がり始めた。コサック（カザーク）とよばれた自由農民も革命に同情的な部分まで反政府的となった。タンボフ県の党に対する暴動は二年以上続いた。赤軍への強制動員、教会抑圧、貧農委員会の組織、食糧の強制割り当てが農民の反対の理由であった。党は毒ガスまで使って農民の「匪賊」行為を鎮圧した。もっとも農民側も暴力性においては権力に劣らなかった。なかでもよく知られているのは二一年、革命の拠点だったクロンシュタット軍港で二万人弱の水兵が「党でなくソビエトに権力を」というスローガンで権力に反旗を翻した事件である。ソビエト権力の弱さと分裂を象徴した。ここが武力制圧された三月一八日は半世紀前にパリ・コミューンが始まった日でもあった。

ネストル・マフノ　1889−1934
内戦期ウクライナの農民運動指導者。アナーキスト的な背景をもつ農民運動指導者。緑軍と呼ばれ、当初共産党にも近かったが、やがて赤軍や白軍だけでなくドイツや、ポーランドなどに武装抵抗した。

また革命はロシア文化界をも引き裂いた。伝統的保守層は反発したが、絵画界のカンジンスキーやシャガール、建築界のタトリンなど二〇世紀に現れたアバンギャルド派の支持者は当初、革命を支持する作品を発表していた。文学界でも革命兵士が「イエス・キリスト」のもとにはせ参じる詩「十二」を書いたブロークや古儀式派の立場から農民革命、そしてレーニンを賛美した詩人のニコライ・クリューエフがいた。また米国のジャーナリスト、ジョン・リード、あるいは英国の作家H・G・ウェルズのように革命を賛美した者もいたが、英国の作家でロシア語がわかったA・ランサムらはやや慎重であった。日本人でも後の首相米内光政は駐在武官補佐官として首都の革命を目撃、また大庭柯公のようにレーニンと会見した記者もいたが、彼はその後消息を絶った。

ワシリー・カンジンスキー 1866－1944
モスクワ生まれの画家。シャガールと並んで革命に初期に共感したが、レーニン政府が前衛芸術を抑圧するなか1921年末にドイツに去って、ベルリンで活躍。

ブローク「十二」
詩人のブロークは、左派エスエル系でもあって、農民型社会主義を当時は信奉していた。彼の代表作「スキタイ人」はそのような潮流を表した。ロシア革命兵士の宗教と政治関与を描いた詩「十二」で有名。

第二章 共産党の支配

1922–28

コミンテルンのポスター
第２回大会を記念したアバンギャルド風のもの。

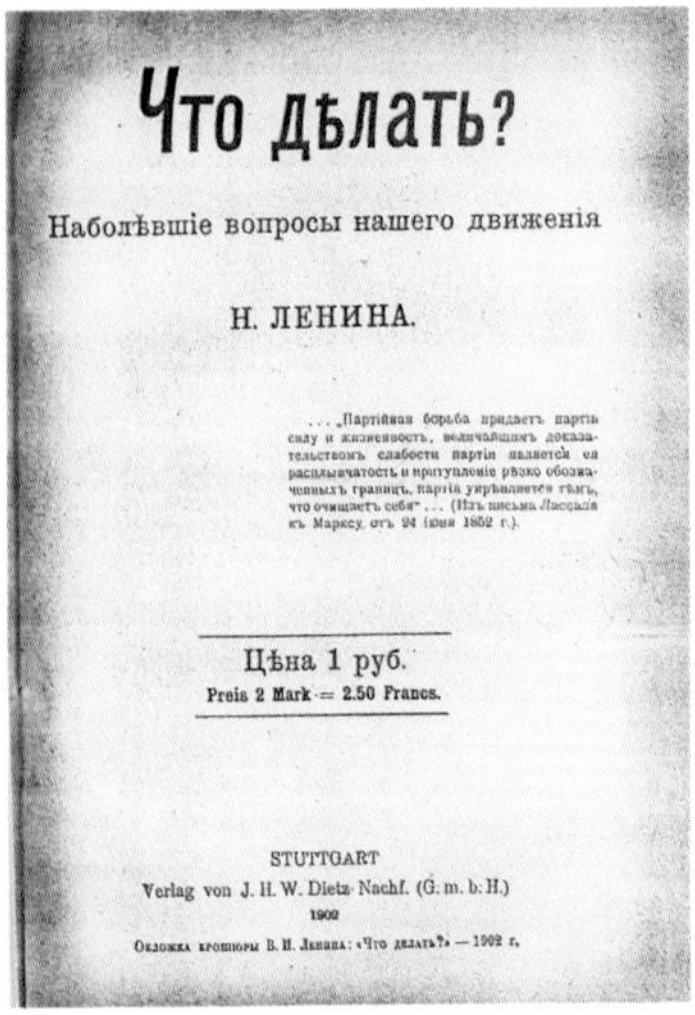

Что дѣлать?

Наболѣвшіе вопросы нашего движенія

Н. ЛЕНИНА.

...„Партійная борьба придаетъ партіи силу и жизненность, величайшимъ доказательствомъ слабости партіи является ея расплывчатость и притупленіе рѣзко обозначенныхъ границъ, партія укрѣпляется тѣмъ, что очищаетъ себя"... (Изъ письма Лассаля къ Марксу, отъ 24 іюня 1852 г.).

Цѣна 1 руб.
Preis 2 Mark = 2.50 Francs.

STUTTGART
Verlag von J. H. W. Dietz Nachf. (G. m. b. H.)
1902

Обложка брошюры В. И. Ленина: «Что делать?» — 1902 г.

『何をなすべきか』（1902年）
レーニンが提起した職業革命家からなる前衛政党論。全人民の護民官として少数エリート集団をつくる構想は大衆にかわる代行主義とトロツキーなどから批判された。

共産党とは何か

新しい権力の中心となった共産党とは何か。一〇月革命の翌一九一八年三月、第七回党大会でレーニンはマルクスの宣言を引いてロシア共産党（ボリシェビキ）と改称した。やがて二五年には全連邦共産党（ボリシェビキ）、五二年にはソ連邦共産党と名乗る。一九年に採択された党綱領は、社会民主主義から離脱し、「世界革命」から共産主義に飛躍するという高揚した雰囲気を定式化し、コミンテルンという世界党結成を呼びかけた。こうして二二年頃までに、欧州だけでなく中国や日本でも共産党が誕生した。コミンテルン自体は、世界革命が二三年までにドイツなどで最終的に挫折して以降、スターリン書記長のもとでソ連外交の別働隊となり、関係者も赤軍などに配置換え

ル・コルビジェとエイゼンシュテイン

1928年10月にモスクワでエイゼンシュテイン監督（写真中央）と会ったフランスの建築家ル・コルビジェ（写真左）。コルビジェはモスクワ建設に30年代なかばまで参加した。

ル・コルビジェによる赤の広場のスケッチ

となって、連合国と同盟した四三年に形式的には解散された。

こうして党の歴史がそのまま国家の歴史でもあるという特異な党＝国家体制ができ始めた。不定型なソビエトの体制を支えたのは実態的には中央集権的な党、特にその官僚組織だった。レーニンは、一九〇二年に著作『何をなすべきか』を書き、西欧のような大衆的労働者の党ではなく、少数の職業革命家からなる前衛党の創設を提唱した。しかしロシアの労働者は圧倒的な少数派であり、基盤の乏しい前衛党という彼の理論が陰謀的なエリート主義であり、寡頭支配や個人独裁を招くという批判はカウツキーからトロツキーまで党内外にあった。実際、民主的中央集権と呼ばれた組織観は、下級機関が上級機関の決定に従属すべきことをうたっていた。

権力についた党は、革命直後の数カ月間、左派社会主義者革命党（エスエル）と連合した以外、他党派とはいっさい権力を分与しなかった。革命当初党内には全社会主義者による政府構想もあったがレーニンは拒否、一一あったアナキストや社会主義系諸政党ですら数カ月以内に解散させられ、一党独裁国家が生まれた。共産党は通常の政党というよりも一種の国家機関であった。共産党あってのソ連であったことは、何より一九九一年の崩壊過程が示すことになる。八月にクーデターが失敗した直後、ゴルバチョフが党中央委員会を解散した数カ月後にソ連は歴史的呼称となっていた。

こうした党が権力を維持し国家を組織するには、神経系のように張りめぐらされたネットワークを制御する仕組なくしては機能しない。党と国家・社会との関係は現実には複雑であったが、アパラチクと呼ばれる有給職員、つまり党官僚が権力の実権を握り始めた。一九一九年の第八回大会は党機構を制度化、中央委員会に政治局、組織局をつくった。政治局は最高の決定機関であって、レーニン（首相）、トロツキー（赤軍）、カーメネフ（モスクワ）、ジノビエフ（ペトログラード）、スターリン（民族担当）が局員となった。この頃政府＝人民委員会議を最終決定機関にする考えが否認され、党政治局こそ権力の中枢であると決められた。そして党の指導的役割という原則のもと、政治局は立法・行政・司法、経済、外交・安全保障から映画・小説の検閲に至るまで、国家や社会のあらゆることを決める最高機関となった。

党独裁の強化

党政治局の補助機関として書記局がつくられ、人事や総務を担当した。この仕組を精緻化したのが一九二二年に書記長（ゲンセク）になったジョージア人革命家スターリンであった。党書記局が管理した人事表はノメンクラトゥーラと呼ばれ、その後はソ連の特権層のこととなる。革命時は二万人程度の半地下的な存在から二〇年代には唯一の統治党として数十万人の組織へとふくれあがり、党内で内部分化が進んだ。

　当初は党内にも雑多な思想傾向が存在し、他党との関係、講和、赤軍建設、農民政策、食糧調達、宗教をめぐって論争

ヨシフ・スターリン
スターリンについては、7ページ参照。

イスラム地区での革命のポスター
革命はソ連のイスラム地域も巻き込み、中産階級出のイスラム系進歩派が革命に参与した。なかにはスリタン・ガリエフのようにスターリン配下で、彼に抵抗した民族人民委員部職員もあった。

と亀裂とがあった。総じて強硬策を追求したレーニン、トロツキーらは必ずしも多数派ではなかった。武装蜂起反対のジノビエフや民主的中央集権派など様々な潮流、分派が登場した。右派に多かったロシア人とユダヤ系との反目もあった。イスラム地域からもスルタン・ガリエフのような革命家も参加していた。教育人民委員のルナチャルスキーのようにレーニンの宗教政策などに抗する人物もいた。歴史家ミハイル・ポクロフスキーはロシア史を階級闘争の角度から見る教科書『簡略ロシア史』（一九二三年）を書いた。

　はやくも戦時共産主義期から中央でも地方でも党の官僚支配が固定し、少数派の統治機構と化していった。この事情はボルガ河中流の拠点都市、ニジニ・ノブゴロドの史料集『社会と権力』（二〇〇二年）などが示している。一九〇五年革命時にこの地方組織をつくったのはボリシェビキ党の最高幹部ヤコフ・スベルドロフらであったが、二〇年以後の同県の党幹部リスト（モロトフ、カガノビッチ、ミコヤン、ウグラノフ、ジダーノフ、ブルガーニン）を見れば、スターリン期からフルシチョフ期に至る権力中枢がここから輩出したことがわかる。固定的で自己充足的な党官僚支配はこの時期に胚胎していた。

　このことを示したのが一九二一年三月の第一〇回党大会での労働組合をめぐる対立である。論争で党中央は三分解し、労働大衆の利益を主張する組合幹部ミハ

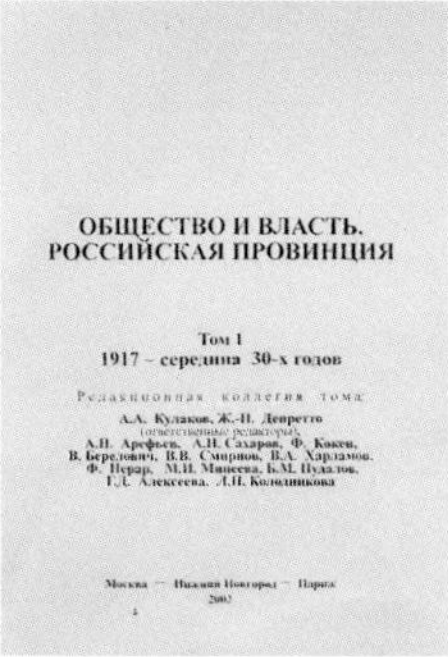

ニジニ・ノブゴロド
ボルガ河中流の、ロシア帝国末期は第3の大都市。19世紀末から商業活動が盛んで自治の傾向が強かった。図版は、内戦期はモロトフ、カガノビッチ、ミコヤンらの戦略拠点として共産党組織の中心であったことを示した史料集。共産党エリートの地方での権力掌握を示してもいる。

アナトリー・ルナチャルスキー　1875−1933
1905年革命後は宗教と革命の両立をはかる建神派としてレーニンとも対立したボリシェビキ、革命ロシア初代の教育人民委員となったが、スターリン体制下でこの職から追われ、外交官として赴任中客死。

ミハイル・トムスキー　1880−1936
知識人が多かったボリシェビキ党で唯一の労働者出の政治局員、組合運動を指導。スターリンの強硬路線に対し、大衆利益擁護を主張したため右派といわれた。粛清時に自殺。赤の広場唯一の無名碑は彼のものといわれる。

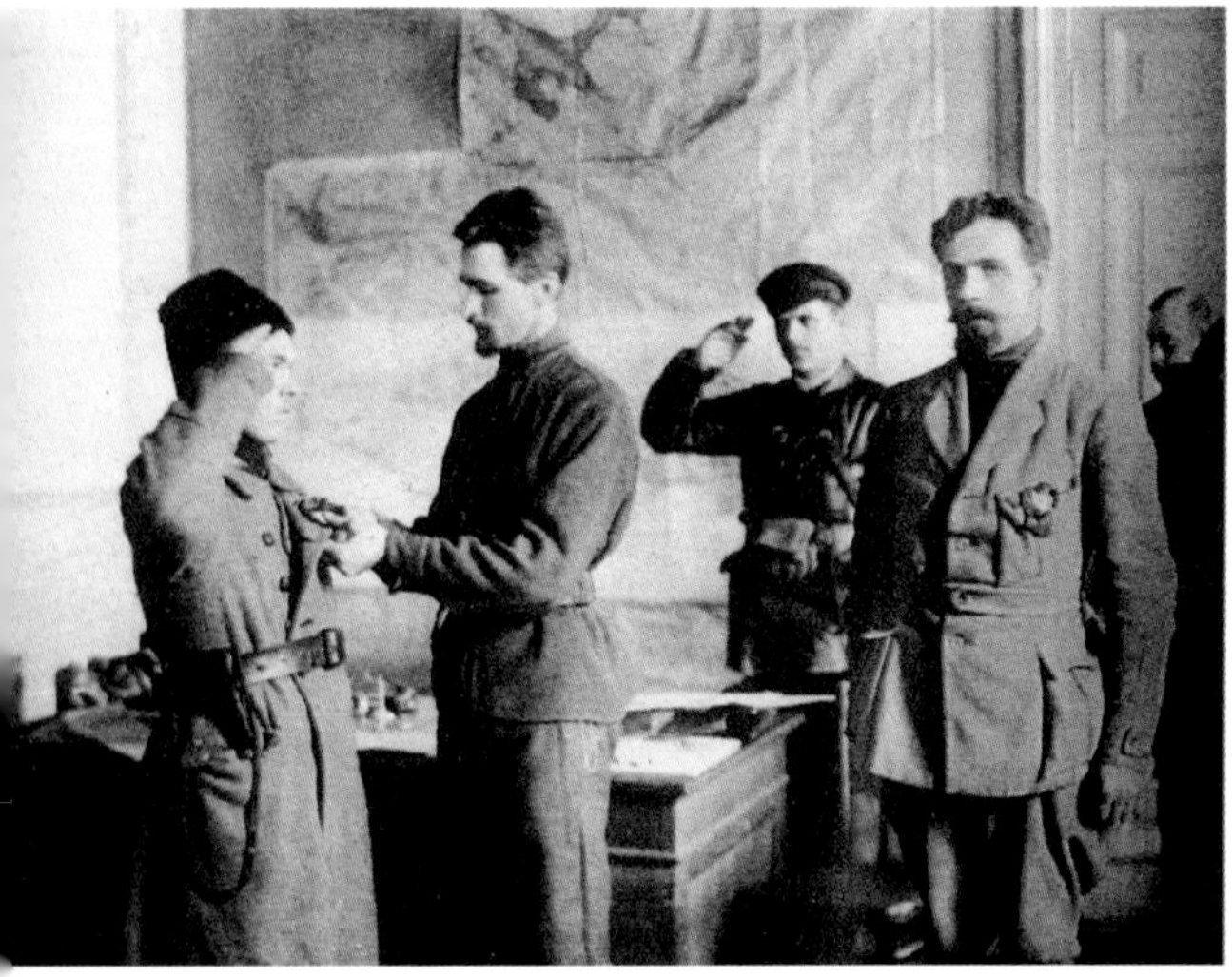

クロンシュタット反乱
1917年革命の拠点であったクロンシュタットの水兵が21年、秘密投票によるソビエト選挙、言論集会の自由、労働組合の自由、平等な配給、すべて農民の土地利用の自由などを求めて共産党権力に反乱を起こしたが、鎮圧された。

アレクサンドラ・コロンタイ　1872―1952
女性革命家。将軍の家に育つが、社会民主主義運動に投じ、1917年革命後は婦人の国家保護人民委員だった。21年には労働者反対派指導者としてレーニンと対立、その後は大使として外交畑で活躍。

イル・トムスキーは組合の国家化を主張するトロツキーらと対立した。組合による経済管理を主張する労働者反対派（シュリャプニコフ、コロンタイ）も大会前に出現した。ちょうどクロンシュタット反乱の危機を理由にレーニンは党内分派、グループを禁止した。「党の統一」の大会決定で反対派は偏向とみなされ、中央委員ですら除名された。臨時措置に思われたこの決定は党規約となり、党員点検を名目とした粛清（チストカ）は、異端審問や反対派抑圧と結びついた。スターリンがこれを推し進め、人事を統制した。

組織的手段と並んで重要であったのがイデオロギーであったが、党宣伝部が重要なてことなった。レーニンがスターリンに最初に命じたのが「異質な」知識人の国外追放であった。一九二二年九月、哲学者のベルジャーエフやフランクなどリベラル派が反ソ派としていっせいに国外追放処分にされた。イデオロギーの解釈権を握った書記長は異端審問官ともなる。重要なのは党の指示に従うことだった。こうして党官僚支配メカニズムがで

Тов. Ленин ОЧИЩАЕТ
землю от нечисти.

知識人追放キャンペーン
1922年前後、「戦闘的唯物論」を掲げたレーニンは、プロコポービッチやソーロキンなど否定的な元マルクス主義者を含む自由主義知識人を「哲学の船」などでいっせいに国外追放した。

総主教チホン　1865－1925
ロシア正教会は、２月革命後にはピョートル大帝以来禁止された総主教座を再興し、年末チホンを第11代の総主教の地位につけた。もっとも直ちにボリシェビキ政権とのあいだで対立、彼は逮捕され死刑まで求刑された。

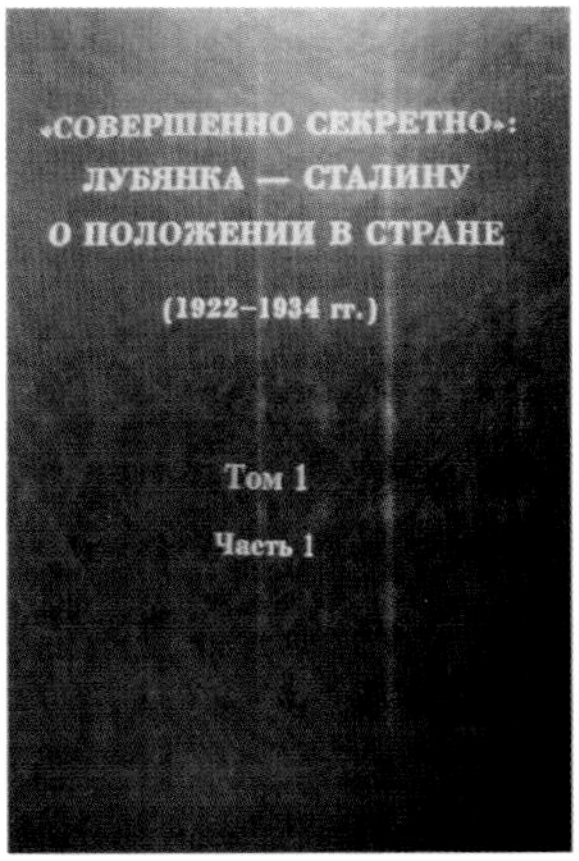

「ルビヤンカからスターリンへ」
ソ連崩壊後明らかとなったOGPUから35名程度の主要政治家宛に出された治安関係報告書。宗教から党内反対派の活動までを報告していた。特に農民や民族地域の動向に注目していた。

きた。メンシェビキやエスエル左派など他党派は禁止され、かつて「イスクラ」編集部でレーニンの同僚だったメンシェビキ派のマルトフなど指導者も海外に亡命した。

　もっとも当時の党独裁の強化は、食糧税導入という経済的自由化に伴う代償であると考えられた。一九二一年の第一〇回党大会までに党権力と圧倒的多数である農民との関係は極度に緊張していた。工業が瓦解した都市には労働者はほとんどおらず、農民反乱は党権力を揺るがしていた。レーニンはこのとき穀物の強制調達を廃止、かわって食糧税という市場的な枠組を認めた。こうして生まれた新経済政策（ネップ）とは党独裁のもとでの市場経済制度であった。レーニンはこれを一時的後退と理解、早期に廃止すると明言した。それでもネップは二〇年代末まで続いた。都市でもネップマンといった企業家も生まれた。

宗教への抑圧

　こうして実権は次第に党機関、特に親農民的政策を進める右派へと移動した。左派の論客から党内右派のイデオローグとなったブハーリンは、ボリシェビキと農民とは市場的関係を介した「経済的同盟」であって、「軍事的同盟」と異なると力説した。実際は一九二五年に「農村に面を向けよ」政策が出るまで、農村への権力の関与は実態的には軍事的同盟以上のものではなかった。

　深刻な飢餓の問題も生じていた。長年の戦争と内戦で一九二一年前後にはボルガ河流域地方を中心に一〇〇〇万人単位の人々が飢餓線上に置かれた。死者数だけでも一五〇万から二〇〇万人と歴史家は推定している。この飢餓問題は新たな体制と農民との緊張を生み出した。飢饉に際し、ゴーリキーなど非党員文化人や学者は当局に飢餓救済委員会をつくることを提案した。特に国家から分離された正教会がこの活動に動いた。しかしこのような組織は反ボリシェビキ系の拠点、権力への対抗組織となるという危惧が当局にはあった。

　レーニンは一貫した無神論者でもあった。国家と宗教の分離を標榜した革命権力だが、実際は内戦期から特にチホン総主教率いる正教会は抑圧され、僧職者は監視下にあった。党員たちにも信仰を拒否すべきと迫った。一九二二年二月、政

治局は飢餓対策のため教会財産を没収し、海外に売却すべきというレーニン提案をめぐって対立した。そのときイワノボ・ボズネセンスク県のシューヤで教会財産没収をめぐる発砲事件が生じた。政治局では農民との宥和をとく穏健派（ルイコフ、カリーニン）が、聖職者への銃殺を主張したトロツキー、レーニンやスターリンと対立したが、この事件と関連して八一〇〇名が犠牲となった（ちなみにゴルバチョフ政権末期にこの関連史料が出た

レーニン廟
モスクワの赤の広場にそびえる「レーニン廟」は、無神論者レーニンの死後、1924年につくられたが、その後の毛沢東廟や、ホー・チ・ミン廟、さらには金日成廟などのモデルとして共産党権力を崇拝する装置であった。（写真提供・アフロ）

シューヤの犠牲者塔
1922年、レーニンの政府が教会の貴金属を没収しようとして教会との衝突に発展、イワノボ・ボズネセンスクで労働者市民との衝突となり、この事件で何人の聖職者が犠牲になったかは判然としないが、8100名の僧職関係者がこの時期に消えた。塔は高さ81メートルある。ソ連崩壊後建てられた。

ことはレーニンとスターリンとは違うという世論に衝撃を与え、レーニン批判から一挙にソ連崩壊へと旋回することになる)。こうしてレーニンは救済委員会を二二年八月に解散、非党員活動家を逮捕した。

中央集権的な統治体制は民族問題の処理でも見られ、一九二二年までに共産党は旧帝国の版図の再統合を意図した。この間分離を認めたウクライナやベラルーシ、そしてザカフカースにも二一年までに次々に赤軍が進出、共産党権力ができた。もっともメンシェビキが権力を握っていたジョージアでの処理をめぐって、病床のレーニンは「民族問題の専門家」でジョージア人でもあったスターリンの超中央集権的なやり方には批判をもった。二二年にスターリンは、単一のロシア・ソビエト国家のもとにウクライナやジョージア共和国を下位単位とする国家を構想した。しかしレーニンは各共和国には形式的でも一定の自由、連邦離脱を認めるべきだと考えた。後者の主張により二二年一二月三〇日、当初はロシア、ウクライナ、ベラルーシ、そしてザカフカースの各社会主義ソビエト共和国からなるソ連邦が成立した。

この連邦問題は後継問題とも関係した。レーニンはこの頃遺言を執筆、トロツキーとスターリンとをともに一長一短ある次期指導者と見た。だがソ連邦形成問題でスターリンがレーニン夫人クループスカヤへ横暴な振舞をしたと聞いて、書記長には不適格とレーニンは遺言に付加した。けれども実権は既に病床のレーニンの手を離れており、この遺言は結局一九五六年まで公表されなかった。

レーニンは一九二四年一月二一日に死去した。指導者をめぐる党のありかたは、カルト指導者と使徒の関係に似ていた。

歴史の偽造

1920年５月５日、レーニンの演説会の写真。上写真の演説台右には粛清されたカーメネフとトロツキーが写っているが、下写真では２人の姿が消されている。

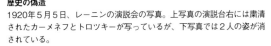

その象徴がクレムリンの「レーニン廟」であって、一部の反対をよそに無神論者の遺体が永久保存され、偶像と化した。またジノビエフ、スターリンなど後継を争う弟子たちによるレーニン主義の解説書が発行された。ちなみにこの廟建設に協力したのは、日露戦争後にプロレタリアートの宗教を唱えてレーニンらの無神論と対立した、建神派のルナチャルスキー教育人民委員やクラーシンであった。フランス革命と同様、革命権力も信仰や崇拝一般からは自由にはならなかった。

右派の勝利

　レーニンの死の前後に党内闘争が激化したが、急進派のトロツキーは民主化を唱えるものの敗北、ジノビエフ、カーメネフ、ルイコフら農民との和解をはかる右派が主導権を握る。背景には社会の不満も高進していた。一九二三年には労働者のストも起きた。二四年一〇月、右派が主導権を握った党中央と政府は「農村に面を向けよ」という親農民政策を推進した。秘密警察のゼルジンスキーまでが転換を迫った。農民に多少自由を与えるため、地方ソビエトでの選挙制限が緩和され、むしろ党権力を制限する必要が認識された。穀物生産がようやく戦前レベルに回復した二五年には、さらに農村経済政策を自由化する考えが出た。なかでもブハーリンは「農民よ豊かになれ」と語った。

　当時スターリンとジノビエフとのあいだで指導権争いが生じた。ジノビエフは世界革命を主張、スターリンと争った。だがジノビエフは一九二五年までに孤立、逆に一国社会主義を唱えナショナリズムに訴えたスターリンが党内右派のブハーリン、ルイコフ首相らと組んだ。

　この一国社会主義論は、世界革命の展望が消える一方、一九二四年からソ連国家がヨーロッパなどの主要国と国交を回復したことと軌を一にした。第一次世界大戦の敗戦国ドイツとは二二年四月のラパロ条約で国交を結び、ドイツ国防軍支援の秘密軍事協定もできた。英国の労働党マクドナルド内閣は二四年二月にソ連を承認、一〇月にフランスなどもこれにならった。中国の孫文国民党政権は連ソ容共を掲げ、日本も二五年一月、日ソ基

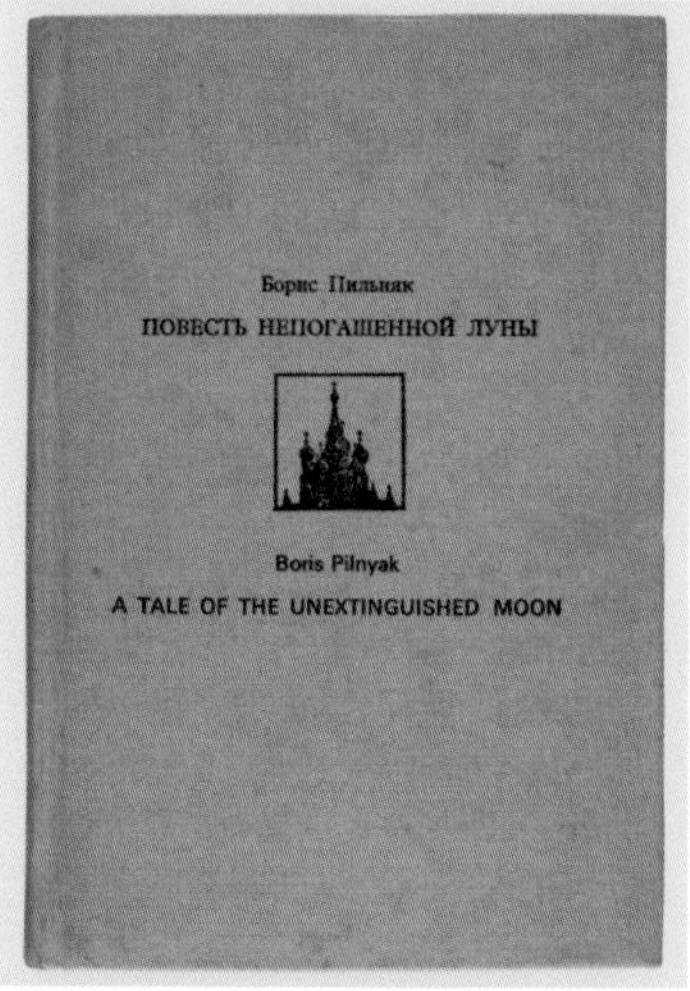

ボリス・ピリニャーク　1894−1938
共産党の同伴者作家で、ボルガ河畔のドイツ系。10月革命に関する『機械と狼』を執筆。なかでも1925年に軍事人民委員のフルンゼの死に関するスターリンの関与を小説の形で発表した『消されない月の話』（下図版）は、即日発禁、のちに日本のスパイとして37年逮捕、粛清された。

本条約を締結した。コミンテルン第五回大会(一九二四年六月)は、資本主義の「相対的安定」を認めた。

ネップ期には、非共産党知識人も重視され、圧力も緩和されたかに見えた。文化政策でも一九二五年が自由化の頂点であった。宗教も二三年以降はやや寛容策がとられ、教会でも正教会チホン派以外に、刷新派やトルストイ派のような宗派まで各派が入り乱れた。革命権力との和解をとく道標転換派など反対派知識人が権力との接点を模索した。作家ボリス・ピリニャークは、赤軍指導者フルンゼがスターリンに暗殺されたことを暗示した小説を書いたが、翌日発禁された。

しかし党には農民と権力を分与する考えはなかった。農民と権力との関係で当局が恐れていたのは、農民組合であった。革命前は党もこの組織を支持してきたいきさつがある。だがネップ期に農民が組合創設を要求、南部などでは農民党創設の声まであり、一九二六―二七年にはこの要求はいっそう強まった。しかしスターリンは二八年になると突如旧反対派的な考えに同調し、これが農民党創設、ブルジョワ政党復活になりかねないと、党総会で拒否した。

党内での対立

労働者の権力を呼号する党にとって逆説的な事態も起きていた。労働者国家というイデオロギーとは裏腹に、工業労働者はソ連人口のせいぜい二パーセント程度しかおらず、多くは農民とつながりのある繊維工などであった。農村活発化のため労働強化をしいられた労働者は党権力に反対、ストもなかば公然となされた。なかでも一九二五年には繊維工が決起し、ストも生じていたため労働者間での反政府活動に当局は神経をとがらせた。

だがこのような政策を「資本主義への妥協」と見る左派は、一〇月革命以来の反目を棚上げしてトロツキー派、ジノビエフ派からなる合同反対派をつくった。ゼルジンスキーが一九二六年に亡くなったことで左派には重しがとれた。けれどもスターリンやブハーリンなど党中央は彼らを左派偏向と断罪した。ロシア革命一〇周年となる二七年一〇月に合同反対派は敗北する。トロツキーはカザフでの幽囚から二九年には海外に亡命、やがて第四インターナルを立ち上げて反官僚主義の政治革命を主張するものの、四〇年にメキシコでスターリンの刺客に暗殺された。他方ジノビエフは直ちに復党を申請し、党には恭順さを示した。この間地域や共和国では、「反ソ活動」や、「匪賊」活動、他の「反ソ政党や党派の活動」が増加したと当局も分析した。知識人の政治動向は敵対的と見られ、労働問題や農業紛争も生じたと指摘された。二四年にはジョージア等で民族的行動も散発した。

この間、一九二七年秋までに工業化をめぐる論争が熟していた。党内でも赤軍関係者や経済官僚、そして左派などが重工業化を支持していた。地方党官僚や国家計画委員会も軍需工業部門を重視しだした。この年五月の英ソ国交断絶や中国での共産党弾圧と国民党の北伐など国際関係の緊張も、このような傾向を促した。二七年なかばには知識人の逮捕も生じた。こうしてスターリンは第一五回党大会で初めて集団化について報告を行った。脅威は「クラークや反ソビエト分子の蠕動」と結びつけられ、農民組合などの親農民的傾向が強まったことにスターリンは警戒的となった。それでもこのときは農村内の富裕層を意味するクラークの活動を制限するという控えめなものであった。

このクラークに対する制限という方針

から圧力強化へと、そしてついには一九三〇年一月の「階級としての絶滅」という急進的な方針へと至る方向へ急旋回するきっかけとなったのが二八年はじめの穀物調達の危機である。これらのことがスターリン書記長の「上からの革命」への転換点となった。スターリンはシベリアに赴き、生涯で唯一の農村視察を行った。そこで彼が得た結論は、農民から穀物を権力的手段で取り上げ、これを一〇月から始まる第一次五カ年計画、つまりはソ連の重工業化への原資とするということであった。党官僚もいっせいに穀物調達のため農村に行った。だがネップへの農民の要求は強かった。農民の「穀物をよこせ」、「戦時共産主義の復活」という声が強まったと当時の治安報告書は伝えている。非常措置と呼ばれた権力的手段による調達を指示したら、たちまち農村から「ネップの終焉」、「調達隊の復活」といった批判が生じた。

党中央部の分裂

緊張がスターリンら党官僚とルイコフ、ブハーリンら右派との指導部を切り裂いた。一九二八年三月になって強硬路線に立つ党書記モロトフが穀物調達や工業化のテンポが遅いと穏健派首相ルイコフを批判した。それでも非常措置はあくまで例外的な措置との見方が有力であった。しかし深刻な穀物危機は党中央を分裂させた。スターリンからすれば敵は農民であり、そして彼らを擁護する右派の政治局員であった。合理化を進める経済専門家らへの民衆の不満を背景に、党は秘密警察とともにブルジョワ専門家排斥のシャフティ事件を組織した。

その意味では一九二七年の第一五回党大会からわずか数カ月で、党中央のスターリン派と右派とは分裂することになった。両派の激突は首都モスクワから始まった。繊維工業の中心、右派の拠点であるモスクワの指導者ウグラノフをスターリンら指導部は目の敵にした。当初は政策論争だった。右派は穀物価格値上げによる市場維持という農民寄りの結論を引き出した。だが、工業化を進めるスターリン派にとって今や教会や農民利益と妥協する右派は敵となった。右派とはネップ期の党、政府の主流派の考えだった。だがスターリンらは重点を工業化、経済の軍事化に移した。「ボリシェビキに落とせない砦はない」、穀物を非常手段でとるべきだ、「クラーク」制限では不十分であり、全面的攻勢までもっていく必要を主張した。都市から派遣された党員

アレクセイ・ルイコフ　1881－1938
古くからのマルクス主義革命家。レーニン死後は人民委員会議議長（首相）としてブハーリン、トムスキーらと親農民的なネップ路線を推進する。両親は古儀式派といわれた。だが、1929年に党内右派として失脚、30年スターリン派のモロトフに首相職をゆずる。38年の第3次モスクワ裁判でブハーリンらとともに粛清。

行列と物不足
1930年代初めの行列。重工業に重点投資した5カ年計画では、消費財や食糧は軽視されモノ不足が常態化、企業や工場の配給がない人々は長い行列に並ぶことがソ連末期まで続いた。

スターリン時代の母性擁護ポスター
1930年代前半は女性労働者は普通の服装だが、家族的価値を重視した後半にはより家庭的な衣装を着ていることに注意。

や労働者、学生などの全権代表が権力を行使して穀物調達したが、農民は激しく抵抗した。

　この間政治局などで党内右派の首相ルイコフやブハーリンは、調達危機とは市場の価格問題であって、階級対立でないと農民利益擁護を掲げた。スターリン派は、階級的サボタージュだ、富農＝クラークを絶滅すべきだといった。最後にはスターリン自身がモスクワの党総会にのりこんだ。モスクワ市組織が崩れると、「プラウダ」、労働組合といった右派の拠点は次々に落ちた。一九二九年四月、ブハーリン、トムスキーらは職務を解任された。

　一九二八年から二九年にかけて農民たちは、当局の表現にいう「反ソ活動」、「テロル」に参加しだした。農民の大衆行動は二六―二七年に六三件が、二八年七〇九件、二九年は一一九〇件、と増加した。

ウラジミール・マヤコフスキー　1893—1930
革命詩人であったが、1930年に自殺。25年に自殺したエセーニンと並んで若者のあいだで人気があった。

二八年当局の秘密報告では、なかば自己発生的な農民集団が形成されつつあるとみられた。こうした農民の抵抗に、権力が村ごとに責任を問うシステムがつくられた。ウラル・シベリア方式といって共同体を巻き込んで穀物調達をしいる体制が強化された。この対立の深刻化で農村ソビエトは存在意義を失った。

一九二九年一一月の党総会で、モロトフはスターリンとともに右派の政治局員を「分派主義」と責め立てた。最終的に政治局員から追放された。一二月二一日スターリンは公称五〇歳を迎え、各紙が讃えた。スターリンの権力の頂点への長い道はこうして完成した。いよいよ敵の拠点と見なされた農村に全面戦争をしかけるときがきた。

これらは一種の文化革命でもあった。それまで文化戦線では非党員達の活動を認めるような活動が見られたが、一九二九年からの時代には「文化革命」を掲げた急進派が登場した。哲学界ではデボーリンらに対し「党派性」を掲げるミーチン、ユージンが台頭する。これらと関係する宗教的事件も年を追って増加した。国家と宗教との区別を強調したやや寛容なネップ期の宗教政策も二八年七月には終わり、党政治局は反宗教委員会を立ち上げ、三〇年一月には反教会宣伝を強化した。これは農村での伝統権力を解体する目的があった。キリスト教的な日曜日（ロシア語では復活日と語源が同じ）を止め、週五日からなるプロレタリア暦を採用せよといった議論もあった。ヤロスラフスキーなど戦闘的無神論を掲げた教会への攻撃は三一年のモスクワの救世主キリスト聖堂の爆破で頂点に達した。かわりに巨大な金のレーニン像を頂くソビエト大会宮殿が建設されるはずであった。だが革命詩人マヤコフスキー（一八九三―一九三〇）は三〇年四月、スターリン権力が強まるなかで自殺した。

第三章 スターリン体制の展開 1929–38

スターリンの時代

スターリン時代ほど逆説に満ちた時代もない。ソ連はそれまでの農業国から重工業化へとドライブを切り、都市や工場、学校が建設され、若者は農村から都市へと移った。体制の支柱である工業労働者が上から創出された。しかしそのやり方は収容所と軍隊、秘密警察を動員してなされ、知識人から教会に至るまで未曾有の弾圧のなかで行われた。何よりも農民が犠牲となった。ウクライナやロシア南部で数百万単位の飢饉が生じたが、スターリンは外国労働者のためと称して穀物を輸出した。大都市では農村出の新エリートの大規模教育が行われた。軍事力強化の結果が、個人農の解体、もっとも精勤な農民を収容所に送るといった亀裂を産み出した。世界大恐慌のなかソ連社会主義の達成をスターリンは呼号したが、内実は数百万の餓死者を伴う混乱となっていた。その被害の一つは共産党機構そのものであった。スターリン支持の党幹部までもがテロルの犠牲となった。一九三四年の第一七回党大会の出席者中、大粛清を生きのびたのは半数であるなど、共産党エリートの抑圧にまで至った。

これに伴ってスターリンの相貌も時期によって変わった。実際彼が最高権力者となった一九二八年から死亡する五三年まで、いくつかの転換を見たが、スターリンにとっては内外の「戦争」の連続だった。第一は、集団化に始まり三二年末からの飢饉で頂点に達する農民との戦争、第二は、第一の農民戦争で次第にスターリンの急進主義に疑問をもった党古参幹部との戦争、第三は、第二次世界大戦から冷戦に至る数々の対外戦争であった。かつての神学生崩れの革命家は、超中央主義的独裁者となった。戦後急膨張した世界各国の共産党もその指示に従う存在となった。

飢饉
スターリンの集団化のキャンペーンは1932－33年に南部農業地帯で危機に至った。そこには政治キャンペーン化した集団化、スターリン党官僚の圧力や干ばつなどの状況も重なって全国で550－600万人前後（M・エルマン）の犠牲者を生んだ。

五カ年計画

なかでも一九三〇年前後、彼の闘争の舞台は政府と農村であった。人民委員会議と呼ばれた政府は、右派のルイコフ首相のもと経済政策の中心であった。それまでは市場経済のなか農民との和解、経済合理性が尊重された。財務人民委員部などは右派の牙城であって、M・フルムキンは二八年にスターリンの政策を正面から批判した。経済政策でもトロツキーら左派や、ゼルジンスキー、クイビシェフなど最高国民経済会議に対して、ルイコフなどの政府は穏健な路線が主導的であった。彼は農民出身、両親が古儀式派といわれ、スターリンの強硬策には、コサック地域で「農民蜂起が起きる」といって牽制した。三〇年になっても教会の鐘などの没収に反対し、親農民的であった。

逆に絶対的な指導者となったスターリンは、一九二〇年代の部下でもある書記局関係者（モロトフ、カガノビッチ）を取

工業化キャンペーン
第１次5カ年計画での工業化キャンペーン。ソ連を重工業の基地にする目的を持ったが、過大な指標、農民労働者の徴募、また強制的労働力の利用も一部で行われた。

スターリンとゴーリキー
1930年代にスターリンと和解したプロレタリア作家ゴーリキーが、彼の名を冠した航空機を見ている図。スターリンは工業化のシンボルとしても彼の名を活用。工場史などもゴーリキーが編纂した。

民族の父＝スターリン
1930年代スターリンは「各民族の父」、そして民族問題の最高の専門家として中央アジアに指示を行ったが、そのなかには遊牧民族の定着や、バスマチと呼ばれた抵抗運動の抑圧、さらにウズベキスタンでの綿花栽培を強要した。

り立てた。当時の党内闘争はいわば党機関と政府との対立でもあった。三〇年一二月にルイコフが解任され、モロトフが後任の首相となった。スターリンが政治と経済を完全に掌握したことを象徴した。党中央が直接経済問題に関与することとなった。この頃ロシア首相セルゲイ・シルツォフも同僚のロミナッゼとともに職を追われた。

スターリンの五カ年計画の目的とは農業を工業化のために使うことであった。自発性を装った集団化のテンポは人為的に高められた。だがその手法は農民を敵にすることでもあった。スターリンは第二次世界大戦中、英国のチャーチル首相に、独ソ戦ですら「四年間の恐ろしい集団化」に比較すれば軽微だと語ったことがある。それは何十万単位の地主とではなく、何千万もの農民との戦争であった。特に一九二九年末からの全面的集団化、クラーク絶滅から、その失敗に伴う三三年の大飢饉についての四年を指摘したものであった。収容所も二九年七月から急膨張した。実際年末からの農民との戦争は、一〇月革命よりもソ連社会を大きく変貌させた。多くの農民はコルホーズという名の集団農場に統合され、これに抵抗するものは容赦なく極北や中央アジア、シベリアに送られた。権力と農村社会との関係は極度に緊張し、不安定化した。

クラークの絶滅

危機は沸点に達した。一九三〇年一月には全面的集団化のために「クラークの階級としての絶滅」に関する政治局決定が策定された。当初一〇万の富農＝クラーク家族の追放とされたのが、二一万家族の追放へと上方修正され、農村人口の約五パーセントとみられた「クラーク」を絶滅させることが決定した。スターリンは農村をまったく階級敵の視点からしか見なかった。秘密警察や軍も農村への「行政的」手段の中心となった。これは農民反乱を招き、集団化への反抗が起きた。このうち三分の二は春期に集中している。空軍すら動員されたが、多くは女性たちの反抗であった。反抗する農民への逮捕、追放、発砲すら珍しくなかった。農村は内乱寸前の危機だった。この激烈な農民の反応を見てスターリンは三月の論文「成功による幻惑」で、行き過ぎの責任を地方の党官僚に転嫁する。だがその後集団化の目標は人為的に高められた。クラークというレッテルを貼られた多くの有力農民が追放処分を受けた。かわりに集団農場＝コルホーズは上からの行政

ビヤチェスラフ・モロトフ
1890－1986
ボルガのビャトカ生まれのソ連の政治家。1906年に革命運動に参加、ボリシェビキ党員となり、革命後21年から党書記、26年から政治局員、30年に人民委員会議議長（～41年）を務め、39年には外務人民委員（外相）を兼務。スターリン晩年は忌避されたが、死後は56年まで外相。その後反党グループとして失脚、モンゴル大使等だったところフルシチョフによって61年党籍を奪われるものの、84年に復党。

収容所文献「カレリヤ」
1990年代になってカレリヤ地方で発行された同地での収容所関連の史料集。各地でソ連崩壊後このような史料集が発行された。

的、官僚的方法でつくられた。都市・工場からコルホーズに直接働き手を送り、ライコム（党の地区委）が農作業の細部まで統制した。

数百万の従来の農業生産力の担い手はこうして農村から僻地や極北に追放された。この過程で放火など農民の伝統的抵抗が起き、また多くの畜力も屠られた。農業生産性は大幅に低下した。もっとも

このような状況が、権力の恣意のみで行われたわけではない。コルホーズはある種の共同体秩序を飲み込み、貧農の「クラーク」に対する反感、階級的憎悪を組織した。一九三〇年夏以降は雰囲気が変わった。個人農へ圧力を加えることをスターリンは求めた。穀物の飢餓輸出のため強硬路線を再開した。

モロトフのもと政府も大編成がなされ、政府内の非党員、農民に同情的な党内右派への抑圧キャンペーンが基調となった。ソ連レベルで初めて農業人民委員部が組織され、画一的なコルホーズ農業管理が始まった。スターリンの指示に従って党書記が農業監督の任務に就いた。グローマンら非党員有力学者や知識人が逮捕された。このうち産業党関連事件は、「ブルジョワ」専門家に対する大衆の反感を動員した政治キャンペーンだった。一九三三年末に終わるはずの第一次五カ年計画を四カ年で、といったスローガンが提示された。

こうした集団化とクラーク絶滅のキャンペーンの結果、ウクライナ、北カフカズなどで行き過ぎが生じた。一九三二―三三年には大きな飢饉もまた生じた。このためにこれら地方の党幹部らのあいだでも深刻な動揺が見られた。カザフなど遊牧民族地域でも家畜の多くが失われ、

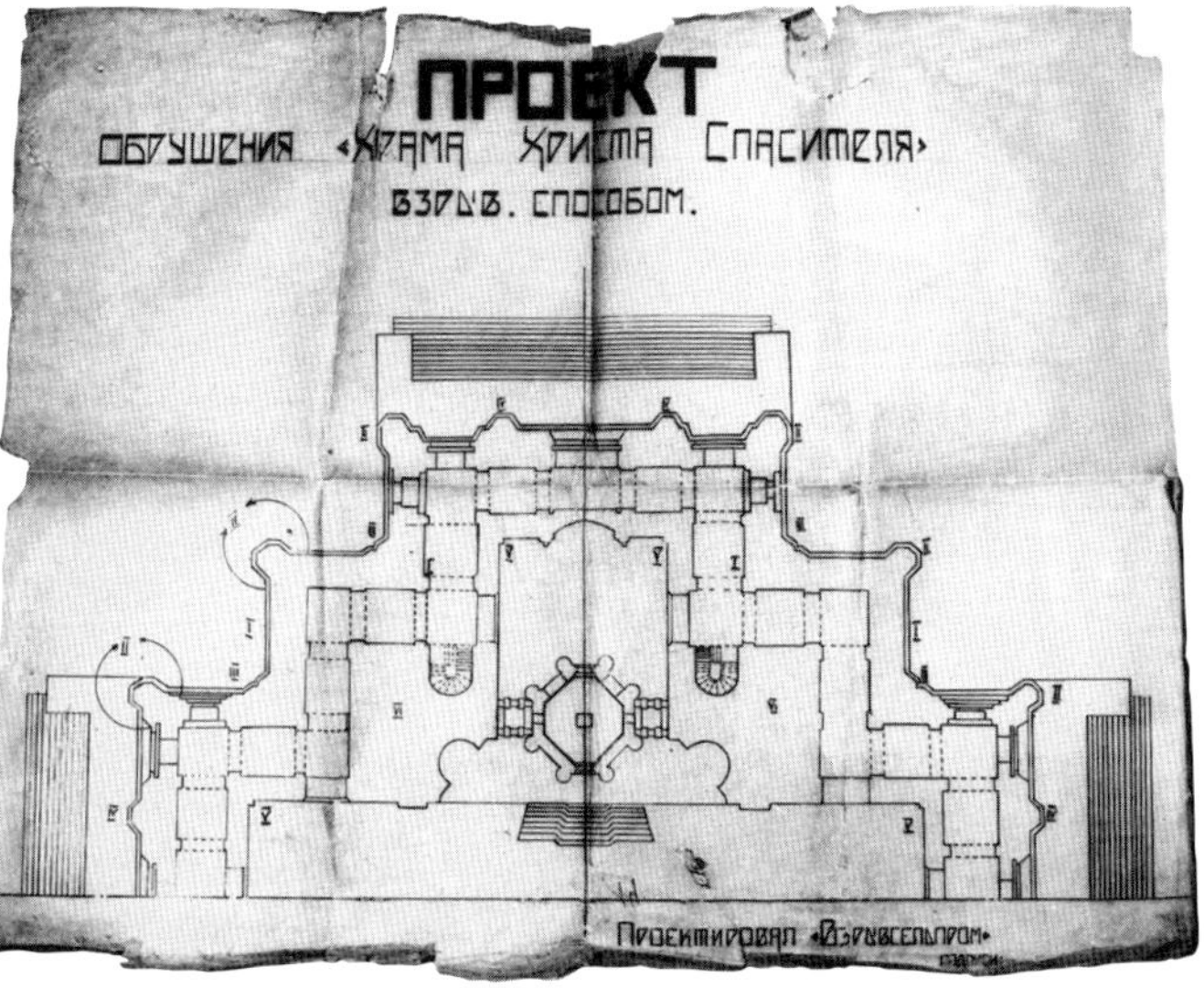

救世主キリスト聖堂の爆破
1931年12月スターリン、カガノビッチは反宗教キャンペーンの中心として，モスクワのクレムリンの横に建っていたナポレオン戦争勝利の記念聖堂を破壊した。90年代になって再建された。

1928年
北 極 海
ムルマンスク
レニングラード
アルハンゲリスク
ミンスク
キエフ
モスクワ
シイクティブカル
ベルホヤンスク
イガルカ
ハリコフ
ヤクーツク
オホーツク海
クラスノダール
サラトフ
アストラハン
トビシリ
エレバン
ノボシビルスク
クラスノヤルスク
ハバロフスク
バクー
チタ
カラガンダ
ヌクス
イルクーツク
タシケント
日本海
スターリナバト

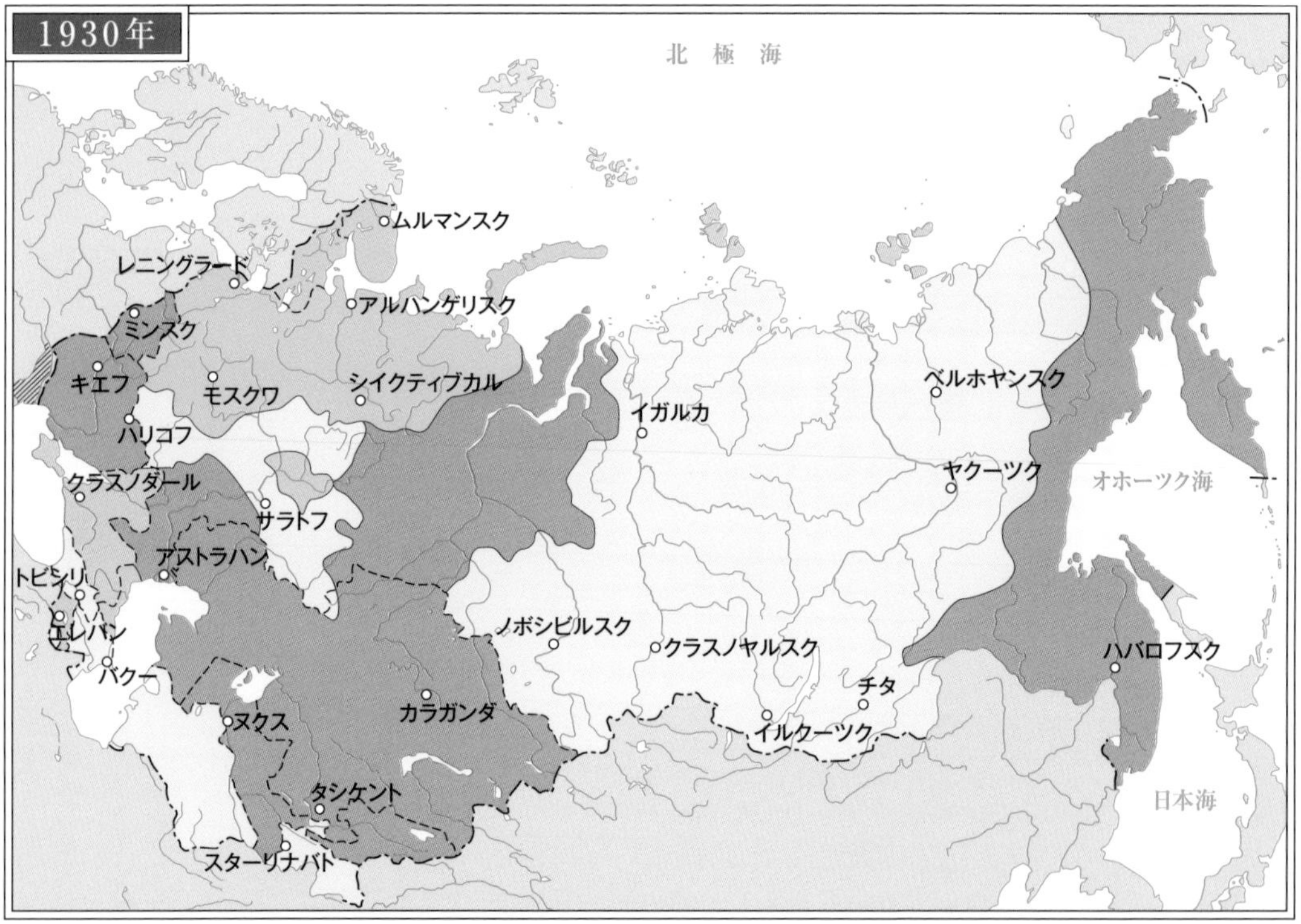
1930年
北 極 海
ムルマンスク
レニングラード
アルハンゲリスク
ミンスク
キエフ
モスクワ
シイクティブカル
ベルホヤンスク
イガルカ
ハリコフ
ヤクーツク
オホーツク海
クラスノダール
サラトフ
アストラハン
トビシリ
エレバン
ノボシビルスク
クラスノヤルスク
ハバロフスク
バクー
チタ
カラガンダ
ヌクス
イルクーツク
タシケント
日本海
スターリナバト

ソ連の集団化率
農民の抵抗にも、1933年前後の南部での飢饉にもかかわらず、集団化の歩みはとどまらなかった。36年に集団化率が高まったことが「社会主義」段階に至ったことの徴表とされた。

「5カ年計画を4カ年で」
重工業化をめざした1928年10月からの5カ年経済計画は、前倒しされ政治キャンペーンと化したが、実際には32年末には農村での飢饉などがあり主要指標は達成されなかった。

遊牧民たちの約三分の二が移住した。

深まる飢饉

食糧危機は労働者のあいだにも広がり、一九三二年四月にはイワノボの繊維工がストを起こし、配給の破綻と飢餓に対抗してデモを敢行した。党員も労働者と連帯、労働組合活動家も参加した。首都モスクワの繊維工による同情ストを当局は警戒した。スターリンはこのこともあっ

ハリコフの飢饉
ウクライナは北カフカーズ、中央アジアと並んで1932－33年飢饉の中心となったが、工業化をめざしたスターリンの集団化や穀物調達などが原因であった。ソ連崩壊後ウクライナ政府は、民族ジェノサイドが主因であると主張した。

て三二年春に政策を緩和、コルホーズ市場も五月に解禁した。だが緩和策は幻想だった。穀物は当時最大の外貨獲得手段であって、スターリンは輸出強化を指示し、国家や公共の所有物は神聖不可侵であるという、悪名高い社会主義財産保護法を八月自ら執筆した。飢餓のなかコルホーズや輸送途中の穀物を奪取する者から公園の花を折った者までが極刑になった。

ИЗВЕСТИЯ
ЦК КПСС
ИЗДАВАЛИСЬ В 1919-29 гг.　ВОЗОБНОВЛЕНЫ В 1989 г.

Секретариат ЦК после съезда

XXVIII съезд КПСС — документы и материалы, врученные делегатам съезда

В Комиссии Политбюро ЦК: о так называемом «национал-уклонизме»

Информация и хроника: о порядке приема в КПСС и выбытия из партии; Либеральный интернационал; кадровые перемены

Международные связи партии

Ответы на вопросы читателей: о подготовке Союзного договора; Сталин сам о себе

Размышления над почтой ЦК

Из архивов партии: деятельность ЦК партии в феврале 1920 г.; вокруг статьи В. И. Ленина «К вопросу о национальностях или об «автономизации»; платформа группы М. Н. Рютина (продолжение); документы из истории Великой Отечественной войны (август 1941 г.)

9
1990

「リューチン綱領」
リューチンは1917年ハルビン革命で活躍し、その後20年代末モスクワの共産党右派の活動家であったが30年にソ連共産党を右翼反対派として除名されていた。32年はじめにスターリンを批判した『スターリンとプロレタリア独裁』を執筆、これはブハーリン系の若手からなるマルクス－レーニン主義同盟が８月前後密かに審議したが、リューチンはそのことで９月に逮捕され、1937年１月銃殺となった。最初の公然たる反スターリン派のことは1990年９月に「党中央委員会通報」に全文掲載された。

一九三二年秋には飢饉がいっそう深刻化し、ウクライナで党幹部が調達計画を緩めた。危機感を深めた政治局が強硬策をとることに決めた。一一月モロトフ首相が飢餓のウクライナに派遣され、調達を督促した。このため飢饉はウクライナ民族主義の撲滅をねらったものだという説がソ連崩壊後にウクライナ政府側から出された。実際には飢饉はカザフ共和国、ボルガ河沿岸などすべてのソ連農民を痛打した。カガノビッチ書記はロシア南部のクバン地方でコサック村を一六も追放することを決定、こうして調達を渋った農民は極北などに追放された。多くの農民が生死の境におかれ、わずかな付属地で糊口をしのいだ。

この強硬策は農村党員やスターリン支持派だった地方党書記にすら疑問を抱かせた。飢饉のさなかの穀物輸出は行き過ぎだった。ドン出身の作家ミハイル・ショーロホフが緩和策をスターリンに提言したが、彼も農民ではなく馬が抑圧されたと注意しただけだった。結局第一次五カ年計画は目標からはるかに下回り、一九三〇年代末まで達成されなかった。予定された党大会すら延期された。三三年一月党総会では、中央直轄の非常機関である政治部を機械トラクター・ステーションに設置、これが飢饉の農村での党支配のてことなり、また地方党官僚を粛清（チストカ）した。指導者スターリンに対する懐疑が再燃、三二年なかばには書記長解任を主張したリューチン綱領が密かに回し読みされた。だが三二年後半から旧右派が逮捕され、ルイコフ、トムスキーら旧右派、ジノビエフら左派も譴責された。こうしたなか、革命一五周年記念日にはスターリン夫人ナデジダ・アリリュエバが自殺する事件が起きたのは偶然ではなかった。

運河建設

スターリンはOGPU傘下の収容所労働などを利用しつつ「スターリン名称白海＝バルト海運河」など多くの運河建設を行った。この論集（下図版）は当時の公式出版だが、OGPU関係者はその後粛清された。

「飢饉1930－1934」

2008年プーチン政権は、1932－34年飢饉の原因をめぐるウクライナ政府との責任論争に関し史料公開を行い、ロシアや中央アジアも被害を受けたという反論を行った。その公開史料集。

当時のソ連農民が半農奴的状況にあったことを象徴するのは、一九三二年一二月末に導入された国内旅券制であった。

ブレジネフ時代までコルホーズ農民は旅行も自由に許されず、半世紀前の農奴身分へ逆戻りだった。その後三三年五月の秘密決定で大量逮捕と追放を停止した。この三二—三三年の飢饉による餓死者の数は、各種の推計があるが四〇〇万~五〇〇万人、ソ連経済史家のマイケル・エルマンは五五〇万から六〇〇万人前後と見積もる。ウクライナだけでも五〇〇万という推計もある。実際人食いや孤児の激増も伝えられ、歴史家オソーキナは「農民人口よりもひどかったのは、収容所の囚人だけかも知れない」と指摘した。飢饉は、二〇年前後にも起きたが、三二年からのソ連の飢饉は、工業化や農業集団化の誤りに起因する人為的なものであった。同時に当時の国際情勢、とくに満州事変以降の日ソ関係、ドイツでのヒトラーの権力掌握といった要因が絡んでいた。死者の規模や範囲には論争があるが、特にウクライナ民族主義への抑圧を狙ったウクライナ政府の説には疑問も多い。

このような抑圧策をとったゲンリフ・ヤゴダは一九三四年に内務人民委員となり、この間各種の政治裁判、収容所、白海・バルト海運河など囚人を使っての建設に関係した。秘密の警察網といった抑圧機構をつくり、シベリアのノリリスクやウラルのマグニトゴルスク、極東のコリマ金山など鉱山開発にも囚人労働が利用された。

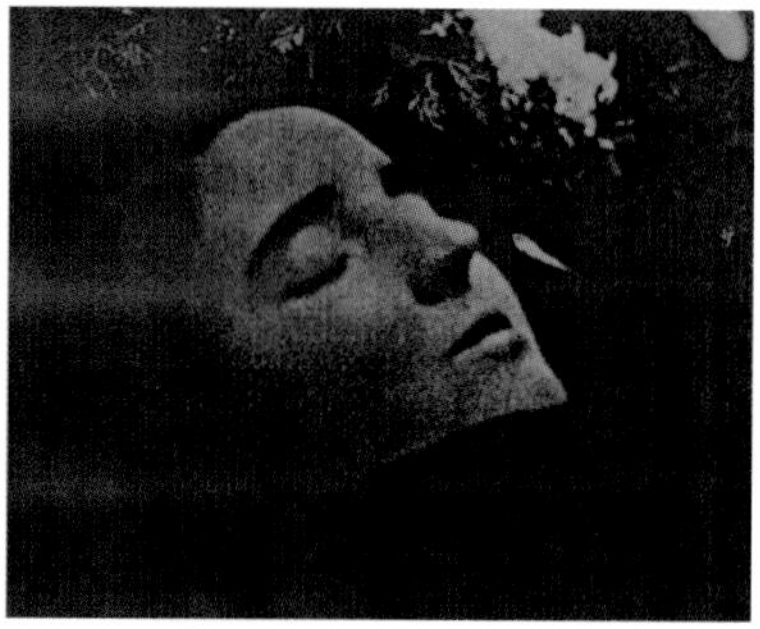

アリリュエバの自殺
スターリン夫人アリリュエバは革命15周年記念日後の1932年11月９日に夫の女性関係などがあって自殺したが、背景にリューチンなどスターリン反対派との関係など政治的なものもあったといわれる。

鉄道建設
第１次５カ年計画での工業化の目玉としてトルキスタンとシベリアとを結んだ鉄道が建設された。シベリア鉄道とも交差するこの線の計画は革命前からあったが、経済合理性よりも象徴的な巨大建設の典型であった。

粛清への道

五カ年計画の主眼は軍事工業やその基盤となる鉄鋼などの重工業化であった。一九三〇年代初頭から、一七世紀以来の

地下鉄建設現場のカガノビッチとフルシチョフ
1930年代モスクワの地下鉄は都市化の象徴であるとしてスターリンがドンバス炭田出のフルシチョフ書記などに命じて行わせたが、これにはシェルター機能もあり、冷戦期は核待避施設ともなった。

セルゲイ・キーロフ　1886−1934
ボルガの革命家であって、1905年にボリシェビキ入党。しかしその後はジャーナリストとなり10月革命には参加していない。26年からジノビエフのかわりにレニングラード共産党を指導。30年代初期には中間的な立場で、第17回党大会で地方党書記の支持を得て書記長となる説もあった。この大会でスターリンと同格となるが、モスクワ移動直前に暗殺され、これを契機にスターリンは反対派への粛清を強化する。

鉄工業の中心ウラルなどに重点的に投資が行われ、マグニトゴルスクなどで工場が建った。またレニングラードの造船や、首都モスクワでも重工業化が行われた。にわかづくりの都市化も進んだ。モスクワのフルシチョフ書記などは都市改造の出身地ドンバスの炭坑技術を地下鉄建設に持ち込んだが、これは戦時シェルターの役割ももった。もっともスーハリョフの塔などの歴史的建造物が無惨にもとりこわされた。急膨張した都市の発展はインフラの不備も手伝ってかえって都市が農村化する結果をもたらした。

こうしたなか一九三四年に勝利者の大会といわれた第一七回党大会が開かれた。集団化から飢饉をめぐる党内での鋭い緊張、中央と地方党官僚の確執があり、北カフカズなど飢饉の中心の地方党幹部の不満は高まっていた。この大会にはジノビエフら反対派幹部までが招かれた。反スターリン感情からレニングラードのセルゲイ・キーロフなどの候補を書記長に推す雰囲気があった。事実スターリンは自ら書記長ではなくキーロフと同格の書記に留まることで危機を乗り切った。そ

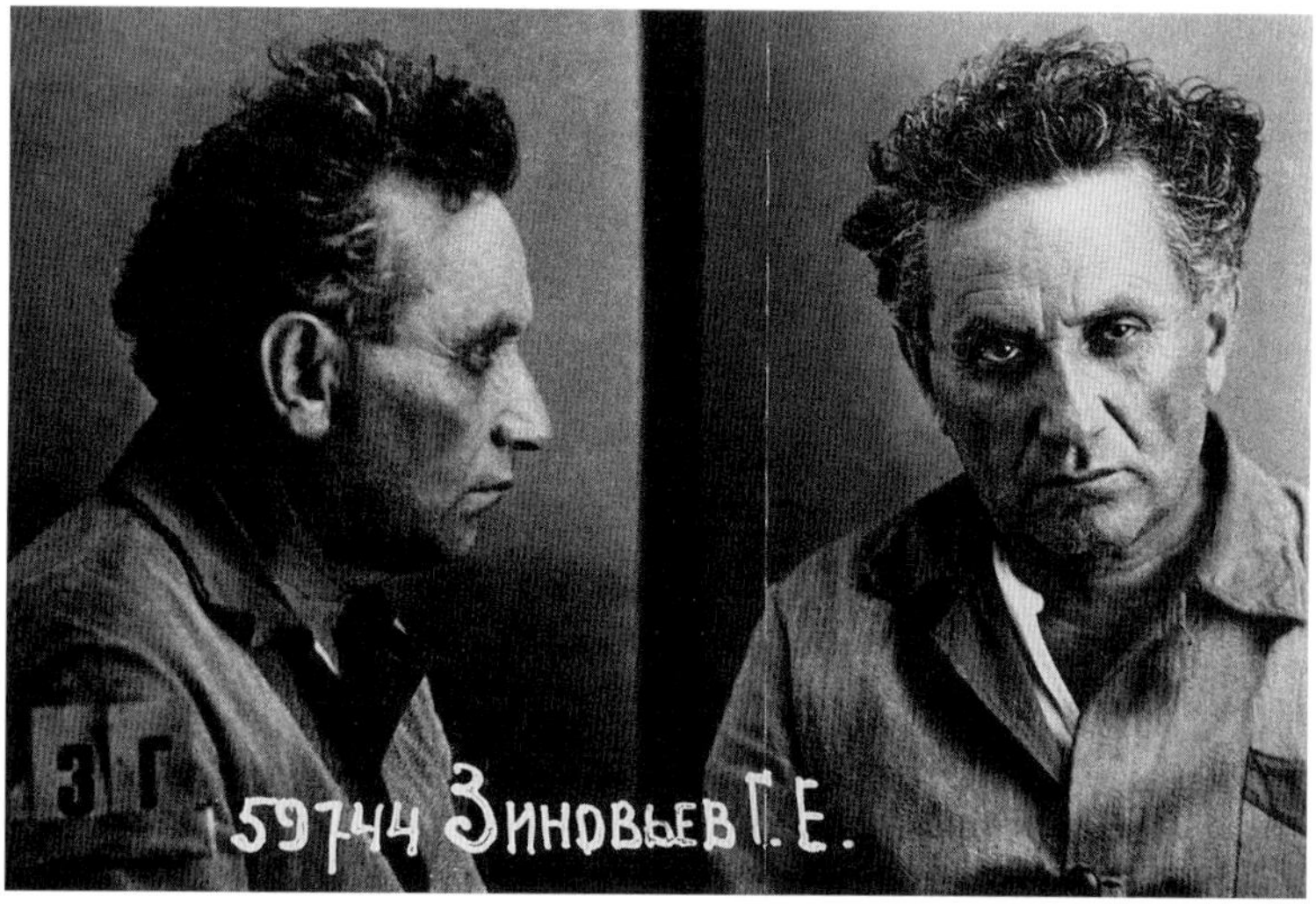

ジノビエフの裁判
レーニンの副官であったユダヤ系の革命家ジノビエフは、1927年末にスターリンと対立したものの、30年代なかばには一時的に和解したが、34年のキーロフ事件後は1936年第１次モスクワ裁判で死刑となった。

れでも参加者中二八五名がスターリンに反対投票を行った。だがこの党大会参加者の三分の二近くが三〇年代後半には逮捕され、半数近くが銃殺されることになる。

　もっとも一九三四年以降状況は多少緩和したかに見えた。だが大粛清へのきっかけとなったのは一二月一日にキーロフ書記がモスクワへ移転する直前ニコラエフという反対派党員によって暗殺された事件である。この暗殺事件の背後にスターリンがおり、大粛清の引き金になったのではないかという説は当時からフルシチョフ期、そしてペレストロイカ期にもあったが、スターリンの直接関与を示す証拠は現在まで発見されていない。犯行はニコラエフの単独犯行の可能性が今では強い（フルシチョフ期とペレストロイカ期など、スターリンがキーロフ事件に関与したことを改革派は六度調査したが、現在のところ関与を示す証拠は見つかっていない。もっともその関係史料は完全に解放されたわけでない。ソ連崩壊後はキリロワのようにニコラエフの単独犯行であると、スターリンの関与を否定する説もある）。

　しかしスターリンの直接関与はともかくとして、彼は政治的にこの事件を利用した。同地に赴いたスターリンらはこれが党内の旧反対派、ジノビエフ派の陰謀とみた。この日テロ事件については簡素化した手続きと即決で処罰を行う法が採択され、粛清は新たな段階に入ることになった。

スターリン外交の変化

　国際政治面から見るとソ連は、一九三〇年代中葉まではイデオロギーはともかく国際政治面では地域大国に過ぎなかったし、外交の比重も高くなかった。二〇年代の外務人民委員ゲオルギー・チチェーリンは党中央委員でもなかったし、三〇年七月から彼に代わったマクシム・リトビノフはメンシェビキ系だったユダヤ人であって、スターリン側近ではなかった。しかし三〇年代国内危機とセットになった対外危機は体制を脅かしだした。日本の満州進出や、とくに三三年一月のヒトラーの政権獲得により、ソ連指導部は安全保障問題に真剣に関わらざるをえなくなった。

　スターリンは一九三四年の第一七回党大会で示したように「帝国主義の矛盾」、つまり大国間の反日を利用しだした。特に三〇年代なかばは反ファシズムという立場で、スターリンが接近したのは、英米仏などの民主主義国であった。なかでも三二年三月の満州国建国で進出する日本を牽制するため六月に対米国交樹立を指示、三三年一一月のルーズベルト民主党政権との国交回復につながった。

スターリンは日本の軍部を恐れた。レーニンが支持した日露戦争での祖国の敗北とは反対に一九四五年九月には、八月の対日参戦が日露戦争の復讐でもあると語ることになる。朝鮮戦争時にも彼は日本軍と比較して米軍は弱いとまで語った。

欧州では一九三四年なかばからフランスなどベルサイユ体制諸国との集団安全保障を求めた。労働運動でもそれまでの社会民主勢力を社会ファシズムと呼んだことから転換、社会党やリベラル派など人民戦線への路線転換を行った。

このような一九三〇年代なかばのスターリン体制の変化には、二〇年代末からの「左傾」の行き過ぎや急進イデオロギーに代わって、体制の「安定」と保守を強調することが背景にあった。日本の軍国主義化や三三年のナチス・ドイツの台頭などソ連を囲む国際情勢が変化していた。スターリンはこのような傾向に対し、太平洋方面での米国、そして欧州での英仏など地政学的に現状維持をのぞむ民主国家との関係改善に動いた。またフランス、英国などベルサイユ体制維持の国家との関係改善は三四年九月の国際連盟加盟に結びついた。

国家主義を強調するこのような傾向がイデオロギーの変化にも結びついた。もちろん党独裁の態様、あるいは反宗教などの基調は変化なかった。それでも「国家の死滅」といったユートピアに代わって「国家の強大化」が課題とされた。歴史学では一九三三年に「階級闘争」を強調してきたポクロフスキー学派への批判をきっかけに愛国主義を強調した教科書作りが始まった。スターリンはロシア帝国外交を大国主義であると批判していたエンゲルスの論文に三四年六月になって反論、むしろツァーリ政府の外交を擁護した。マルクス主義文献の出版ですらスターリンの実利外交のために検閲の対象となった。

代わりに一九三〇年代後半には、スターリンはアレクサンドル・ネフスキー、イワン雷帝やピョートル大帝といったロシア国家の指導者、特に帝国拡大を試みた人物を好意的に評価した。来るべき戦争に備えたソビエト愛国主義がスローガンになった。スターリンにとってツァーリが専制を合理化し、工業化や粛清のモデルとなったことを示した。

実際スターリンの現状維持的な外交政策への転換には目を見張るものがあった。東方ロカルノ条約案でフランスやチェコスロバキアとの和解を模索した。一九三五年のコミンテルン七回大会では社会民主党を主敵とする社会ファシズム論に代わって反ファシズムを主張し、社会主義や保守派とも連繋する統一戦線の主張を進める。またスターリンはコミンテルンの指導者でブルガリア人のゲオルギー・ディミトロフ(一八八二―一九四九)に対し、ロシアには議会がほとんど存在しなかったために議会主義を理解していないと語った。それまでの世界革命とソビエト権力論を修正、現実的改革を志向した。

けれどもこのことはスターリンの体制や政策が自由化したものでは全くなかった。一九三五年一月末の第七回ソビエト大会で指摘されたように、深まる国内外での危機意識、ここからくる戦争回避が重要であった。ドイツが再軍備を宣言した三五年三月の後フランスとの協調(仏

トロツキー『裏切られた革命』
トロツキーは、亡命地メキシコで第4インターナショナルを基盤に反スターリン活動を展開した。その著書『裏切られた革命』では、政治指導部の変革を労働者の補足革命で行うことを願ったが、ソ連の労働者なるものは国家がつくり上げた幾分特権的な層であって、スタハノフのように当局の労働生産性向上運動での英雄のような像を提示した。逆に1932年にストを行ったイワノボの繊維工は、古儀式派の宗教的背景があったが、事件後追放され、繊維工業の中心もウズベキスタンにかわった。

人民戦線とコミンテルン
コミンテルンはスターリンが反ナチスをめざしたことで第7回大会で、社会民主主義が主敵といった急進路線から穏健路線に転換した。ディミトロフ（前列左端）が中心だった。しかしこれはソ連外交の国境防衛隊に転換することでもあった。

ソ相互援助条約）とスターリンの基調が変化したのは五月であった。国際労働運動でも人民戦線という穏健路線へ転換した。その点ではスターリンの政策転換は完全なシニシズムだった。

　国内政治では一九三六年一二月には「世界一民主的な」スターリン憲法が採択された。スターリンは憲法改正を発議した理由として、経済の国有化・社会化といった移行期が終わり、既に「社会主義」へと至ったからだと説明した。プロレタリア独裁は終わった、ソビエトの民主化が課題であるという認識の背景には、欧米との取引で現状維持的な対外政策で時間を稼ぐねらいもあった。ちなみにスターリン憲法にもっとも批判的論考を掲げたのは海外にあったトロツキーらであった。彼は、新憲法はプロレタリアート独裁を否定し、ブルジョワ民主主義に戻るものだと批判、スターリン官僚制を除去する労働者による政治革命の必要性を著書『裏切られた革命』で主張した。スターリンは書評のかわりに暗殺者を派遣、四〇年にメキシコで彼を殺害させた。

粛清と軍事強化

　この頃国内の穀物調達が良好になったこともあり、配給制度が一九三五年から廃止された。スターリンも通貨や商業制度の重要性に再び言及した。三五年二月のコルホーズ大会では付属地や個人副業が緩和された。それまでパンなど消費財は企業レベルで配給されていた。これが廃止された形だったが、実際には地方レベルで復活していた。実際四〇年に全国で配給制度が広がっていると政府に報告された。物不足のなか配給カード撤廃も名ばかりであって、軍事工場などにのみ特権が与えられ、給食が与えられたと歴史家オソーキナはいう。

　この間もスターリンの重工業重視は変わらなかった。特に軍需産業でこの成長は著しかった。一九三二年以降ソ連は世界最大の戦車と航空機の生産国となった。

　こうした国際的緊張緩和と国内での大粛清、軍需工業強化とはスターリンの立場からは矛盾しなかった。その後旧反対派の粛清事件である一九三六年八月の第一次モスクワ裁判（「ジノビエフ・カーメ

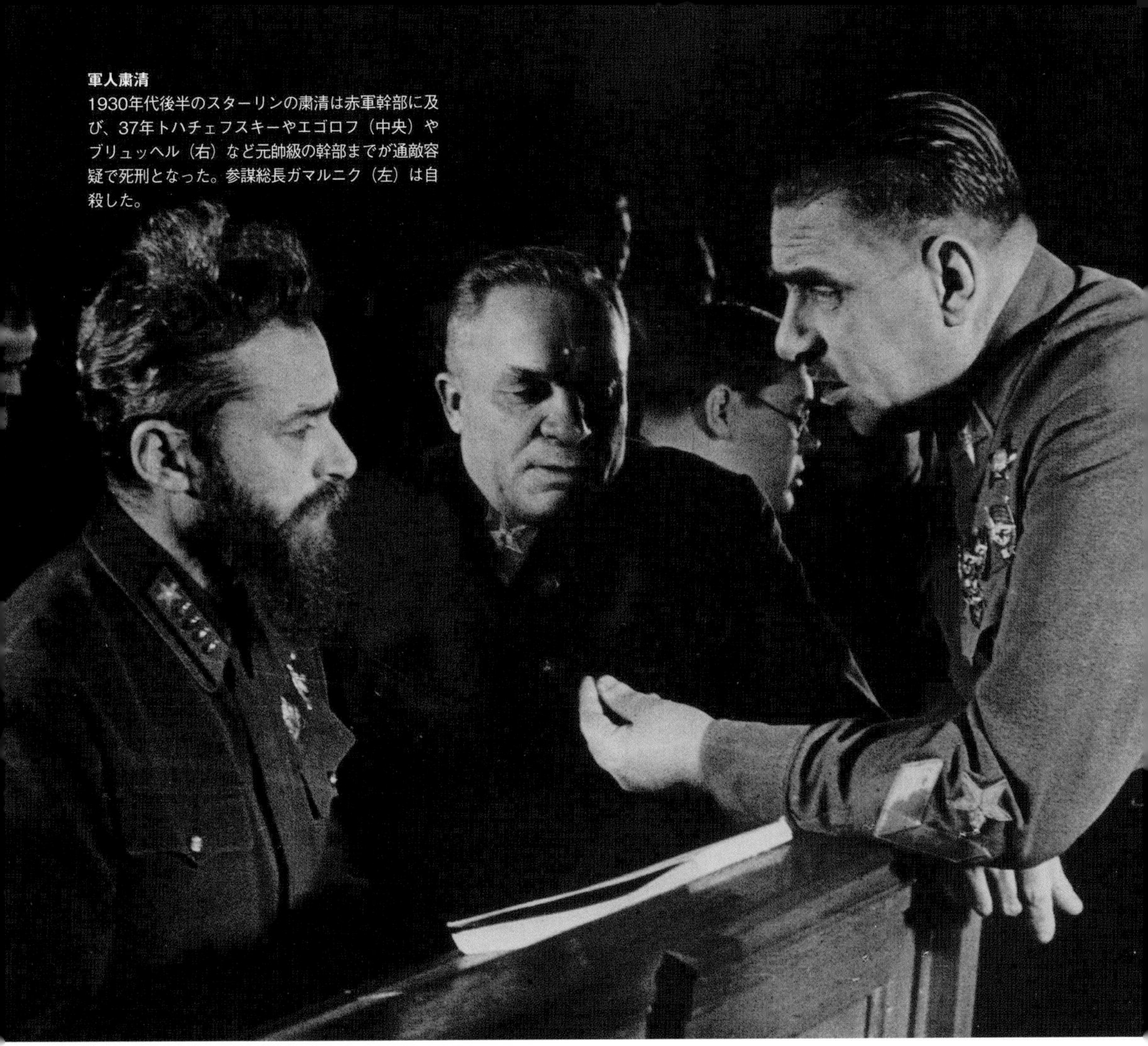

軍人粛清
1930年代後半のスターリンの粛清は赤軍幹部に及び、37年トハチェフスキーやエゴロフ（中央）やブリュッヘル（右）など元帥級の幹部までが通敵容疑で死刑となった。参謀総長ガマルニク（左）は自殺した。

ネフ」裁判）から、三七年一月の第二次「トロツキスト合同本部」事件、そして三八年の第三次「右派・トロツキスト」裁判にまで至った。なかでも三六年七月、党中央はトロツキー・ジノビエフの合同反革命ブロックを非難する書簡を出し、またスターリンはこの間に内務人民委員ヤゴダを更迭、党の人事担当だったニコライ・エジョフを九月に任命した。三六年八月にはジノビエフ、カーメネフら旧左派の一三名がスターリン暗殺を企てたとして死刑宣告され、年内に銃殺された。「味方でないものは敵だ」という哲学が彼を支えた。これが高じると「党内に潜む階級敵」としての「第五列」を摘出し、粛清するという反対派抑圧のドラマが展開された。見せ物裁判が時代の転換を象徴した。

　これに次いで一九三六年一二月の中央委員会ではブハーリンなど右派の反革命活動について、新たに内務人民委員となったエジョフが、反対派は単なる分派から反革命へ至ったという批判を行った。翌年一月にピャタコフら第二次裁判への判決が出た。このときは処分が決まらなかったブハーリンら右派は三七年二―三月の党中央委員会決議でまず党を除名された。その後の見せ物裁判ではブハーリンらは「ドイツ・日本のスパイである」と自白させられたが、米国のデイビス大使らはこの裁判を本物と思っていた。判決は死刑だった。

さらには一九三七年六月にはドイツとの通敵行為との口実で赤軍の大粛清が行われた。トハチェフスキー元帥ら八名の軍最高首脳に死刑判決が下った。ヤキールなど赤軍幹部も粛清された。この間、重工業人民委員のオルジョニキッゼ、参謀総長ガマルニクや前政治局員トムスキーのように自殺した党幹部もあった。

粛清の中心となったのは、秘密警察である内務人民委員部であった。もっとも古参幹部のヤゴダはスターリンには必ずしも忠実でなかったため一九三六年九月に失脚、三八年三月ブハーリンらとともに処刑された。後任のエジョフは三〇年代党機関で人事管理担当、治安担当の党書記として当時の粛清に辣腕をふるう。この間、地方や末端でも抑圧機構が稼働し、とくに党、内務人民委員部、検察局からなる「三者」会議が裁判抜きに刑をいい渡した。

粛清への不満が見えるとスターリンは獄吏を処分した。内務人民委員部の抑圧と地方党組織での行き過ぎに対し、グルジアの党幹部であったラブレンチー・ベリヤを三八年春に内務人民委員代理に任命、年末に内務人民委員とする。このもとでベリヤは「社会主義的合法性」を主張した。翌三九年の第一八回党大会は粛清の行き過ぎを批判した。ビシンスキー検事は「法戦線」での新理論を提供した。しかしそれはスタイルの変更ではあっても、抑圧体制の緩和を意味しなかった。

こうした政策の結果、スターリン体制のもとで収容所体制が急膨張した。一九二八年からの囚人の急増に伴ってヤンソン司法人民委員は囚人を森林労働に利用する建議を行った。二九年春には政治局はこれを支持、収容所内で囚人を労働利用し始めた。三〇年一〇月には階級敵といわれた農民を収容するための収容所管理総局ができ、これがグラーグとよばれるようになった。三三年にはその収容人口は、矯正労働収容所の倍となった。彼らは、運河や道路、工場建設から始まって、あらゆる労働に従事させられた。抑圧機関をつくり、また膨大な収容所を拡大した。極東コリマでの金採掘に至る巨大産業が運営され、モスクワ・ボルガ運河をはじめとした運河建設にも利用された。三八年一〇月の内務人民委員部管轄の収容所人口は一二五万五四三四人であった。二月段階では収容所人口は一一五万七四〇〇人であったが、その他のカテゴリーを含めて二二五万九〇〇〇人が収容されていた。三五年には一二歳以上の子供への銃殺を承認、「人民の敵」を親に持つ子供達までもが犠牲となった。カザフ共和国のアクモラには女性政治犯収容所（アルジール＝AlZhiR）もあった。

一九三七―三八年での粛清の規模はいろいろ議論された。六〇年代、一三七万二三九三人が逮捕、このうち六八万一六九二人銃殺という報告がフルシチョフに対しなされたが、これは司法手続きをへたものだけである。スターリン批判のときの報告で三五―四〇年の反ソ活動での逮捕者を一九二万人、うち銃殺刑を六八万八五〇三人とポスペロフは報告した。スターリン批判派のアナスタス・ミコヤンはKGB資料から、一九三四―四〇年の銃殺を一〇〇万人、被抑圧者は一八五〇万人とみた。現代の歴史家フレプニュークはこの二年の国家テロ犠牲者を約二〇〇万人と見積もる。一〇〇万が銃殺その他で落命した。

実際には一九三四年一一月、内務人民

委員部内に司法手続きを経ない形でつくられた特別会議、別名オソをはじめ、「二人組」「三人組」によって死刑となった者があり、自由剝奪なしで強制労働につく例もあった。ベリヤが内務人民委員になって「三人委員会」、オソ（特別会議）のような裁判抜きの制度は解体された。ちなみに開戦時四一年七月には二三〇万人とベリヤ宛て担当者の報告は伝えた。囚人たちは戦争中軍隊に参加、あるいは経済官庁に渡された。総じて三四年から五三年までの収容所人口は、そのカテゴリーについての細部の議論はあるが、ほぼ二〇〇〇万人（歴史家マイケル・エルマン）とみることができよう。

　このようなスターリン期の抑圧は人口調査にそのいびつな姿をとどめた。一九二六年の人口調査で一億四七〇〇万人となったソ連人口は三七年に再調査されたが、それは国家計画委員会の予定値一億八〇〇〇万人と比して一八〇〇万人も少ない一億六二〇〇万人でしかなかった。このため数値の公表は中止され、責任者は銃殺された。三九年一月に再度行われた人口調査は一億七〇五〇万人と公表されたが、実際指導部への報告は一億六七六〇万人であったという。この数字は九〇年代にはじめて公開されたが、このような人口の大量の喪失の背景に集団化や飢饉、粛清が原因となった人口減があったことは疑いない。

　このようなことはスターリンのジェンダー政策にも影響した。女性解放という理念が革命時に一般的にあった。スターリン時代はとくに人口的要素もあって、一九三〇年代後半からスターリンは産めよ増やせよという政策に転じた。それでも女性労働者は妊娠中も勤務することとなっており、出産後も職場に戻った。三

アルジールの子供たち
スターリン体制下では「人民の敵」の家族も収容された。なかでもカザフスタンにあるアクモラ女性政治犯収容所（アルジール）には、モロトフやカリーニンといった現役政治局員の夫人までが逮捕され収容された。党幹部の子供たちのなかにはスターリン批判時まで父親の本名を知らない者もいた。

アナスタス・ミコヤン　1895−1978
レーニン時代からブレジネフ時代初期まで活躍したアルメニア人政治家。調達・貿易の専門家で、フルシチョフのスターリン批判も協力した。

年	全体の数	死刑判決	収容所、コロニー、監獄送り
1921	35829	9701	21724
1922	6003	1962	2656
1923	4794	414	2336
1924	12425	2550	4151
1925	15995	2433	6851
1926	17804	990	7547
1927	26306	2363	12267
1928	33757	869	16211
1929	56220	2109	25853
1930	208069	20201	114443
1931	180696	10651	105683
1932	141919	22728	73946
1933	239664	2154	138903
1934	78999	2056	59451
1935	267076	1229	185846
1936	274670	1118	219418
1937	790665	353074	429311
1938	554258	328618	205509
1939	63889	2552	54666
1940	71806	1649	65727
1941	75411	8011	65000
1942	124406	23278	88809
1943	78441	3579	68887
1944	75109	3029	70610
1945	123248	4252	116681
1946	123294	2896	117943
1947	78810	1105	76581
1948	73263	—	72552
1949	75125	—	64509
1950	60641	475	54466
1951	54775	1609	49142
1952	28800	1612	25824
1953（前半）	8403	198	7894
全体	4060306	799455	2634397

反革命および他の国家的に危険な犯罪での受刑者数
出典：B.P. Krashvili, Istoricheskaya logika stalinizma, M., 1996, 159-60.
なおこの数字は裁判を受けたもののみの数字であり、裁判外の行政処分で追放されたり、処刑されたものは含まれていない。

六年、妊娠中の女性が働くことを拒否する者は刑事犯とした。他方で、三〇年代前半とは違って、家庭を評価する論調が強まった。これは当時のポスターなどにも見られた。

粛清による指導層の空白は一九三〇年代の速成技術教育を受けた「抜登用者」がうめた。たとえば〇六年生まれでのちに党書記長となるブレジネフは、土地企画の仕事から三〇年ウクライナの冶金専門大学に行ったが、このようなキャリア・パスは彼の世代の多くが共有していた。そのような新しい幹部たちは、三四年にレニングラード軍事機械専門大学を出たドミトリー・ウスチノフ（後国防相）のようにますます軍産部門に傾斜していった。三九年九月に第二次世界大戦が始まると、戦時体制が強化された。動員体制が強まり、スターリンが首相を兼ねたのは四一年五月であった。当時のソ連は収容所と軍産複合体そのものだった。

ソ連外交の危機

一九三〇年代後半からのグローバルな危機にあって、ソ連の現状維持的な同盟関係も決して安定しなかった。スターリンは「帝国主義の包囲」のなか戦争は不可避と見、将来の戦争を見越して軍事ドクトリンはより攻勢的なものとなった。こうしてスターリンの平和攻勢は軍拡とセットであった。新憲法など「新しいソ連」の演出は、大粛清など国内の抑圧とも結びついていた。人民戦線論に基づくスペイン内戦での共和派への軍事的関与は、欧米でのスターリンの意図への懸念を深め、戦争の脅威は間近になった。三七年四月、対外政策問題を含め緊急時に政治局内に常設委員会をつくることを決めた。外交も超中央集権化され、スターリンの決定なくして動けなかった。

こうしたなか一九三八—三九年にかけてスターリンは再転換した。三九年三月の第一八回党大会でスターリンは、ドイツのオーストリア併合などの脅威を前に「平和主義と軍縮案は棺に納められた」と断言した。英国が三八年九月のミュンヘン会談でヒトラーと宥和したことは、ドイツをソ連と対立させるものだと見た。事実ヒトラーはチェコスロバキアに介入した。この三八年九月からソ連は対独接近に密かに乗り出した。それは二〇年代初期のラパロ条約以来の独ソ提携であった。ユダヤ系の外務人民委員リトビノフなどは三九年五月に解任され、モロトフ首相が外交を兼務することとなった。

こうして第二次世界大戦への道が開かれた。スターリンは一九三九年八月独ソ不可侵条約締結直前の演説で、英仏と条

独ソ不可侵条約（モロトフ・リッペンドロップ協定）
スターリンとモロトフ外相は、1939年8月23日、ドイツ外相と独ソ不可侵条約を締結する。バルト諸国、ベッサラビヤなど東欧についての勢力圏に関する秘密議定書が付随していた。秘密協定が公開されたのは92年である。

約を結ぶのは危険でありドイツと結んでポーランド分割した方が有利であるといった。こうしてスターリンはヒトラーと気脈を強め、英仏と並行交渉を指示した。日ソ間でのノモンハン事件も二つの戦線での戦闘を恐れるソ連の対独接近への刺激となった。スターリンは決断し、二三日クレムリンで独ソ不可侵条約が締結された。これにはバルト諸国、ベッサラビアなど東欧についての勢力圏に関する秘密議定書が付随していた。ポーランドを分割するこの秘密協定が公開されたのは九二年である。

さっそくソ連は西部の国境線拡大に乗り出した。まずウクライナ、ベラルーシが一九三九年一一月にそれぞれ旧ポーランドだった西部地域を併合した。フィンランドとの冬戦争でカレロ・フィン共和国がロシアに入り、またバルト三国はそれぞれ四〇年八月にソ連邦に併合され、同月ルーマニアの旧ベッサラビアもソ連に入った。

これらソ連の立場は極東情勢とも関係していた。一九三七年七月盧溝橋事件をきっかけに日中戦争が勃発すると中ソは不可侵条約を締結した。翌年七月張鼓峰事件で日ソは衝突、さらには三九年五月満蒙国境でノモンハン事件が起きる。この衝突はジューコフ将軍率いるソ連赤軍と日本軍との厳しい戦争であった。独ソ不可侵条約をきっかけに、日独伊にソ連を加えた四カ国同盟論が日本で出、四〇年から日ソ間での条約交渉が生じる。モ

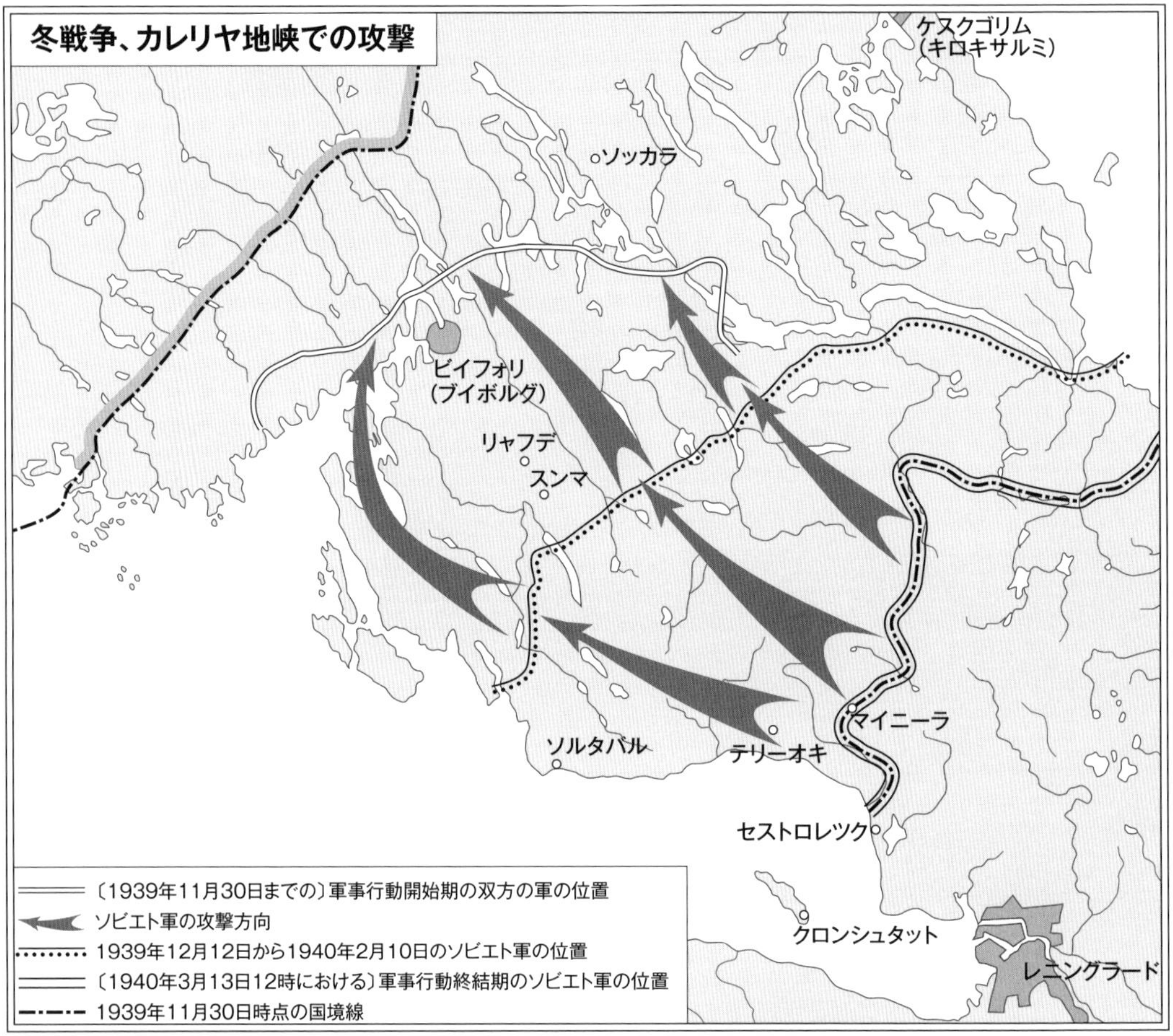

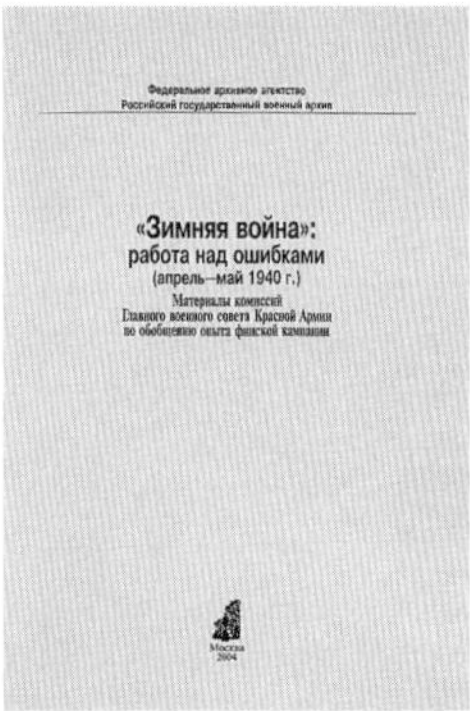

冬戦争

ソ連とフィンランドとのソ＝フィン戦争では後者は猛烈に抵抗し、２万4000人が死んだ。ソ連軍側も約５万人から20万人が命を失ったと見積もられる。このためボロシーロフ国防人民委員が解任された。掲載史料「冬戦争の敗北の総括」（図版左）は2004年に公開された党の秘密調査告書。

日ソ中立条約

独ソ不可侵条約に幻惑された日本は、枢軸国とソ連を加えた４国条約をめざした。1941年４月、日本の松岡洋右外相はソ連とも中立条約を結ぶ。しかしその２カ月後独ソ戦が始まったのである。

ロトフは日本の南進を支持したが、不可侵条約には代償が必要であるという立場だった。

結局四一年四月、松岡洋右外相はドイツ訪問の帰路モスクワに入り、日ソ中立条約が締結された。スターリンは松岡に「我々はアジア人だ」といった。

スターリン時代の文化

スターリン時代はこのような雰囲気のなかにあって、芸術面ではこれに陰に陽に抵抗する芸術家を生み出していた。詩人のオシプ・マンデリシュタムはスターリンを風刺した詩でもって三八年末に粛清された。映画監督セルゲイ・エイゼンシュテインはモンタージュの手法で有名であったが、二八年に訪ソした歌舞伎公演の手法を取り入れた『イワン雷帝』では独裁を扱ったため撮り直しを命じられた。作家ミハイル・ブルガーコフの『巨匠とマルガリータ』はスターリン治下のモスクワやイエス・キリストを取り上げた傑作だが、公表は一九六六年まで待たなければならなかった。文学者のボリス・ルイバコフのようにロシア中世の『イーゴリ軍記』を再評価することで民族主義を鼓吹、スターリン権力に接近するものもいた。それは迫りくる戦争を想定したものであった。

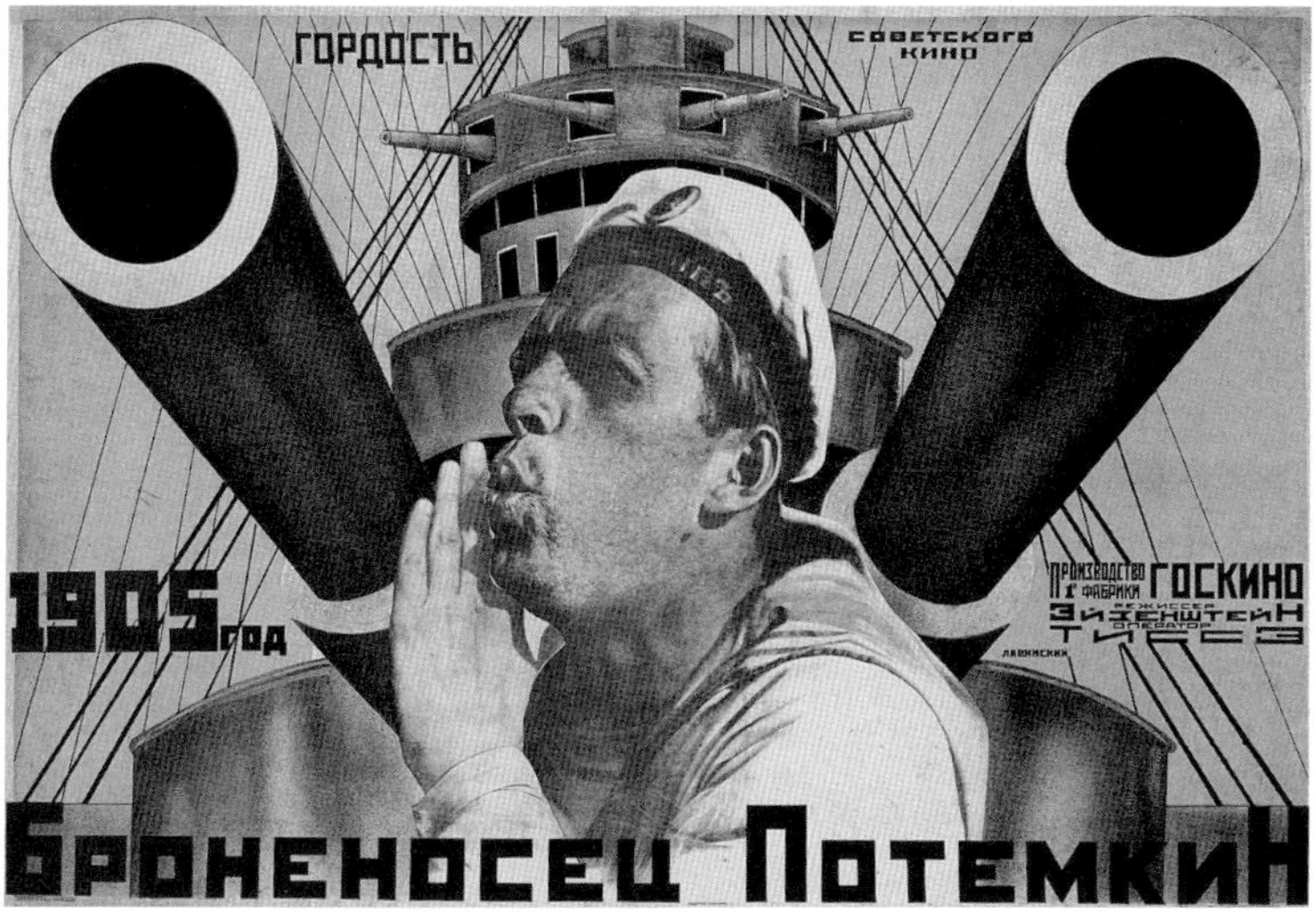

『戦艦ポチョムキン』（1925年）
エイゼンシュタイン監督のソ連初期の映画。第１次ロシア革命での軍の反乱を描いたものだが、ソ連崩壊後の実際の記録では反乱は赤旗ではなく、コサックの旗のもとで行われたという。写真は映画公開時のポスター。

『イワン雷帝』
スターリンが1930年代後半からロシアの民族主義評価を行う過程で、映画監督エイゼンシュテインがつくった映画。戦後の２部ではスターリンが監督に皇帝の無慈悲さを強調するよう指示し、また第３部は廃棄された。（写真協力・㈶川喜多記念映画財団）

第四章

「大祖国戦争」から冷戦へ

1939–52

第二次世界大戦とソ連

一九三九年九月一日、ドイツがポーランドに侵攻したことで世界大戦となった。九月一七日にはソ連も東ポーランド分割に関与した。独ソの協定はバルト併合への道を開いた。ソ連はエストニアに基地貸与とソ連軍駐留を要求した。結局九月末援助条約が締結された。そこから四〇年のバルト三国の併合までは一瀉千里であった。

スターリンの次の標的はフィンランドであった。人口四〇〇万の国のソ連侵略を防ぐという名目で、一九三九年一一月要衝ハンコ半島の租借、国境線再画定を求めた交渉は決裂、冬戦争が始まった。フィンランド人党員クーシネンを首班に「人民権力」樹立をはかろうとした。もっともこの戦闘でソ連軍は大敗、数倍の犠牲者を出し、スターリンは妥協、そのかわり国境線をできるだけレニングラードから離すこととした。この間欧米で反ソ・キャンペーンが高まり、ソ連は三九年一二月に国際連盟から追放された。四〇年三月に停戦したが、ボロシーロフ国防人民委員は解任された。ソ連軍の弱さを見たことが、独ソ戦への引き金となった。

これらの過程で生じたのがポーランド軍将校を大量虐殺した「カチンの森」事件である。ポーランド分割でソ連に勾留されたポーランド軍人が銃殺された。ソ連は当初事件はナチスの犯行だと主張したが、スターリンが首謀者であったことをペレストロイカ期に認めることになる。一九四〇年三月ポーランド将校、官僚、憲兵などの捕虜一万四七〇〇人、その他反革命で逮捕されたもの一万一〇〇〇人を銃殺した。

これらのことでソ連の反ファシズムという立場は崩れた。スターリンは資本主義国の二つの集団が闘争している以上、そこでのソ連の立場とは、「ともに戦わせて相互を弱めること」であると、シニシズムを合理化した。各国共産党は反ファシズム活動を停止させられた。

カチンの森

スターリン時代はこの虐殺はドイツの仕業と嘯いたソ連であるが、ゴルバチョフが見直しを主張、ポーランド側との歴史委員会ができた。プーチンもこの問題には積極的であったが、2010年４月の70周年記念事業に参加予定のポーランド大統領機が墜落、レフ・カチンスキ大統領が亡くなるという事故も起きた。

バルバロッサ作戦
1941年6月のナチス・ドイツの侵攻計画。この内容はスターリンにゾルゲなどソ連諜報機関やチャーチル、蔣介石らが伝えたがスターリンは軽視した。

かわってスターリンの大国主義による国境線の拡大が続いた。一九三九年一二月スターリンはソ連邦が手狭になったと語った。こうして獲得した独ソ関係の改善であったが、実態はうまくいかなかった。四〇年一一月なかばモロトフはドイツを訪問した。ヒトラーとのあいだで勢力圏を画定し、とくにフィンランド、トルコ、ルーマニア、イラン、さらに中国での利益を調整する目的だった。だが強硬なスターリンの指示は、黒海とフィンランドでの利権確保をめざし、ヒトラーにボスポラス海峡での基地提供を求め、このためヒトラーも対ソ強硬論に傾きだした。双方とも闘争は不可避であり、問題はいつまでに準備できるかだと考えだした。ヒトラーの対ソ計画バルバロッサが動きだした。

独ソ戦勃発

こうして独ソ間の蜜月は短命に終わった。一九四一年六月二二日ドイツ軍が独ソ不可侵条約を破って第二次世界大戦の第二幕、独ソ戦が始まった。この間ヒトラーのソ連侵攻計画情報は東京のゾルゲ、英国のチャーチル首相を含め各方面からスターリンに入っていた。だがスターリンは危機が回避可能と見誤った。このためドイツ国防軍の不意打ちを食らった。緒戦で大敗を喫したスターリンはその思いがけない大敗にたじろぎ、一時は指揮まで放棄した。ちなみにこのときスターリンとベリヤは、ブルガリア大使を経由して秘密の対独和解を模索したという。スターリンは七月三日になって初めてラジオの前に立ち、祖国の危機に際し「レーニンとスターリンの党」に結集することを訴えた。

　この間六月末に立ち上がった国家防衛委員会（ＧＫＯ）は政府、最高会議と党中央の合同決議で、党と国家の権限を兼ねた最高戦争指導機関であり、スターリンを議長に組織された。副議長は発案者のモロトフ、その他ベリヤ（秘密警察）、ボロシーロフ（軍）、マレンコフ（党）が当初の委員であった。つまり戦時下でスターリン体制と指令型経済のあらゆる力が総動員された。八月には最高総司令部がつくられ、スターリンが直接指揮をとった。いずれにせよ開戦前の五月、スターリンが人民委員会議議長となって以降共産党の権限は低下した。一九四〇年以降五二年まで党大会は開かれず、中央委員総会も戦争中一度しか開催されなかった。

　こうしたあいだもドイツ軍などは進撃を続け、他方赤軍は二週間だけで死者四二万人、捕虜三二万人を出した。三週間

1939—41年と1945年にソ連が得た領域
ソ連の国境膨張。モロトフ回想によるとスターリンは国境線拡大と社会主義とのあいだには矛盾を感じなかったという。

のあいだにリトアニア、ラトビア、ベラルーシが占領され、集団化や飢饉の傷跡の残るウクライナ、南ロシアなどにもドイツ軍は破竹の勢いで入った。一九四一年だけで三八〇万人もの兵士がドイツの捕虜となったのをはじめ、戦間期計六二〇万人が捕虜となった。モスクワまでもが一〇月なかばには陥落寸前で、パニックに陥った。政府、党、全大使館など首都機能をクイビシェフ（現サマラ）に移すことも一〇月に決まった。重要軍需工場が中央アジア、シベリアに移送されることとなった。半年で二五三九企業もの大企業が後背地に送られた。

激戦地ケルチ
黒海とアゾフ海を結ぶケルチ海峡に面したこの地（2014年３月からロシアが実効支配）は、独ソ戦の激戦地となった。ソ連側の死者・捕虜は16万人にも及ぶ。

しかしスターリンはモスクワを離れなかった。一一月七日赤の広場での演説でスターリンはヒトラーをナポレオンになぞらえ、「偉大なロシア民族」を守ったネフスキーやスボーロフ、クトゥーゾフなどの帝国の将軍を称揚した。スターリンの司令部にはピョートル大帝の肖像が掲げられ、社会主義からナショナリズムへとイデオロギーの基調は変わった。ソフホーズなどに政治部が導入された。日本の対米開戦を知ったスターリンはシベリア軍団をモスクワ戦に投入、厳冬の到来とあいまって独軍の動きは止まった。九〇〇日にわたるレニングラード包囲戦ではスターリンは降伏を許さなかった。同市では二三〇万人が餓死などで亡くなったと見積もられている。

　戦争開始により経済の軍事化の度合いは高まった。すでに一九四〇年の軍需生産は生産高の一七パーセントだったが、すべての生産が軍事に向かい、航空機や戦車などの生産は四〇年水準の二倍近くなった。収容所担当のベリヤは核研究も開始した。四二―四三年に軍事支出は四〇年段階の三倍となった。四四年には軍産部門で三五〇万人が働いたが、これは稼働人口の六分の一程度であった。他方、農地の五割近くがドイツ軍に占領され、また農民は兵士に調達され打撃を受けた。全国で食糧が配給制となった。

戦争は大量の捕虜を生み、一部ではドイツ側の組織したブラソフ軍のような反ソ部隊もできた。しかし総じてソ連民衆の愛国心が高まった。他方でロシア正教会との和解が進められたのは、農民や市民を兵士として動員するためであった。祖国防衛の目的で四三年九月スターリンは総主教と会見、一〇月にロシア正教会問題評議会がつくられた。宗教弾圧からその利用へと政策が変わった。大祖国戦争という表現はナショナリズムとの和解に他ならなかった。

この間、日本が一九四一年一二月に対米開戦に踏み切り、独伊が同盟国として対米宣戦した結果、文字通りの世界大戦となった。一二月八日（日本時間）の日本の真珠湾攻撃の直後、英国のイーデン外相がソ連を訪問し、同盟協議を行った。モスクワ郊外までドイツ軍が迫る状況であったにもかかわらず、スターリンは戦後秩序についての秘密協定を結ぶことを求め、その際ソ連の拡大した四一年国境を維持すべきであると迫った。バルト三国やベッサラビアの併合を認めよという要求を断ったイーデン外相は、戦後秩序形成での米国の関与をスターリンに提案した。

他方スターリンは第二戦線による背後からの対独攻撃を英米に求めた。一九四二年五月モロトフ外相は英国首相チャー

ВОИН КРАСНОЙ АРМИИ,
СПАСИ!

СМЕРТЬ ДЕТОУБИЙЦАМ!

独ソ戦ポスター
上は赤軍が民衆を支持したことを意味する戦争ポスター。下はドイツ軍靴に席巻されたことを示すアルバム。

スターリングラード攻防戦

第二次世界大戦最大の市街戦。スターリンは、自らの呼称を冠したこの都市を放棄することを許さず、200万人以上の軍隊が死闘を余儀なくされた。この都市での死者数も空前であったが、この戦いに勝利したことでスターリンには勝利への道が開かれた。写真左は焦土と化したスターリングラード。

スターリングラードで捕らえられたドイツ兵

チル、さらに米国でルーズベルト大統領と同盟協議を行い、チャーチルとのあいだで英ソ同盟条約の合意に達した。けれども独ソ戦の行方が見えないあいだは英米政府は第二戦線問題に消極的で、独ソ間の死闘が続けられた。戦況は、モスクワ攻防戦でシベリア軍団が投入され勝利したものの、四二年夏にはハリコフで敗

ゲオルギー・ジューコフ 1896－1974
ソ連の職業軍人。帝政末期に従軍、赤軍に参加。一時逮捕されたがノモンハンでの対日作戦では機甲部隊を駆使して名声をはせ、1941年参謀総長、43年元帥としてスターリンを軍事面で支え、ベルリン攻防を指揮する。戦後左遷させられたが、フルシチョフによって再台頭し国防相となり、57年には幹部会員（政治局員）にまでなるが、フルシチョフにより57年に解任。ソ連崩壊後彼の像は赤の広場に建つ。

A・N・ブラソフ将軍 1901－48
赤軍から1942年にドイツ軍に捕らえられ、帰順を余儀なくされた。ブラソフのもとにソ連系兵士が参加し反スターリン的な旧ソ連軍兵士からなるロシア解放軍を組織したが、やがて挫折する。

チャーチルのモスクワ訪問
英米ソ首脳会談の必要は、とくに連合国の勝利が展望された1943年以降強まったが、44年10月モスクワをチャーチル首相が訪問したことは転機となって、戦後構想が具体化した。

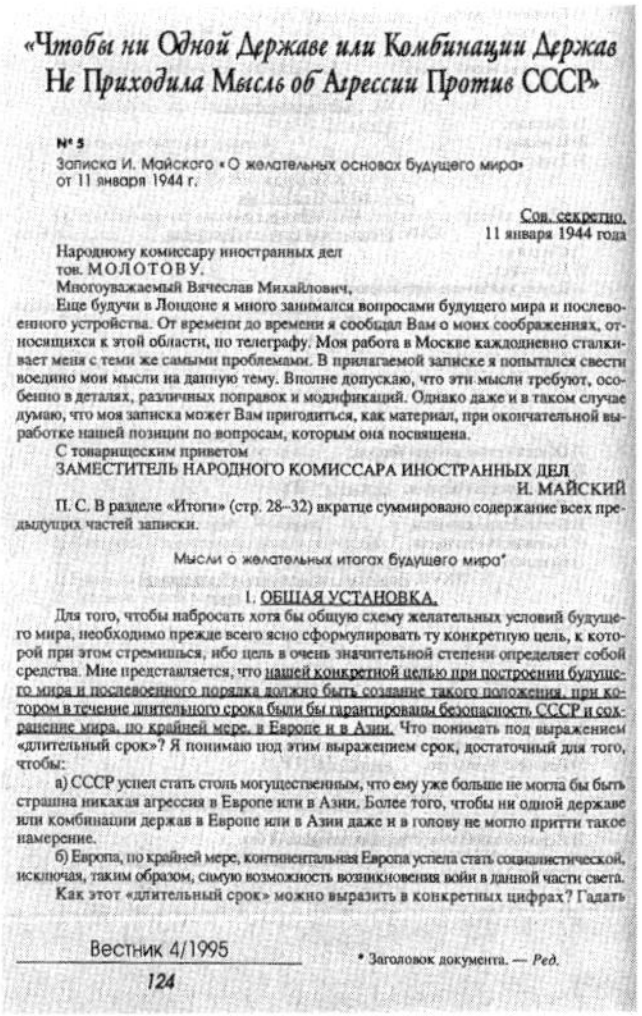

«Чтобы ни Одной Державе или Комбинации Держав Не Приходила Мысль об Агрессии Против СССР»

№ 5
Записка И. Майского «О желательных основах будущего мира» от 11 января 1944 г.

Сов. секретно.
11 января 1944 года

Народному комиссару иностранных дел
тов. МОЛОТОВУ.
Многоуважаемый Вячеслав Михайлович,
Еще будучи в Лондоне я много занимался вопросами будущего мира и послевоенного устройства. От времени до времени я сообщал Вам о моих соображениях, относящихся к этой области, по телеграфу. Моя работа в Москве каждодневно сталкивает меня с теми же самыми проблемами. В прилагаемой записке я попытался свести воедино мои мысли на данную тему. Вполне допускаю, что эти мысли требуют, особенно в деталях, различных поправок и модификаций. Однако даже и в таком случае думаю, что моя записка может Вам пригодиться, как материал, при окончательной выработке нашей позиции по вопросам, которым она посвящена.
С товарищеским приветом
ЗАМЕСТИТЕЛЬ НАРОДНОГО КОМИССАРА ИНОСТРАННЫХ ДЕЛ
И. МАЙСКИЙ
П. С. В разделе «Итоги» (стр. 28–32) вкратце суммировано содержание всех предыдущих частей записки.

Мысли о желательных итогах будущего мира*

I. ОБЩАЯ УСТАНОВКА.
Для того, чтобы набросать хотя бы общую схему желательных условий будущего мира, необходимо прежде всего ясно сформулировать ту конкретную цель, к которой при этом стремишься, ибо цель в очень значительной степени определяет собой средства. Мне представляется, что нашей конкретной целью при построении будущего мира и послевоенного порядка должно быть создание такого положения, при котором в течение длительного срока были бы гарантированы безопасность СССР и сохранение мира, по крайней мере, в Европе и в Азии. Что понимать под выражением «длительный срок»? Я понимаю под этим выражением срок, достаточный для того, чтобы:
а) СССР успел стать столь могущественным, что ему уже больше не могла бы быть страшна никакая агрессия в Европе или в Азии. Более того, чтобы ни одной державе или комбинации держав в Европе или в Азии даже и в голову не могло притти такое намерение.
б) Европа, по крайней мере, континентальная Европа успела стать социалистической, исключая, таким образом, самую возможность возникновения войн в данной части света.
Как этот «длительный срок» можно выразить в конкретных цифрах? Гадать

Вестник 4/1995
124
* Заголовок документа. — *Ред.*

マイスキー提案
ソ連は1941年12月以降、すでに連合国の勝利を確信しており、ロゾフスキーやリトビノフら外務次官クラスに将来構想を計画させた。44年1月、マイスキー次官も戦後の構想を指導部に提供した。

北を喫した。それでも七月に始まったスターリングラード攻防戦で、暮れにジューコフ元帥率いる赤軍が勝利すると状況は転換した。一一月、ドイツ占領地域はソ連人口の四割を占めたのがピークであった。四三年二月までにドイツ軍八〇万人が失われ、これが転機となって枢軸国の足並みが乱れ、ルーマニア、ハンガリーなどがソ連との講和を探り始めた。

ドイツの敗色が濃くなると、戦後秩序の模索が動き始めた。一九四三年のモスクワ英米ソ外相会議では戦後構想が話し合われ、一一月のテヘラン会談には、チャーチル、ルーズベルトと並んでスターリンが足を運んだ。スターリンが長く望んでいたヨーロッパでの第二戦線を四四年五月に設けることが決まった。英米ソの三国協調体制が頂点に達したが、第二戦線の遅れは冷戦の遠因ともなった。

戦勝国間の緊張

ソ連内部でも戦後構想が組み立てられた。もっとも包括的な戦後構想案は、前駐英大使マイスキー外務次官が指導部にあてた一九四四年一月の案であって、そこでは同盟国英米と協調しつつ、最低三〇年から最高五〇年間、ソ連の平和と経済安定をめざす枠組をスターリンに提案していた。この提案ではドイツを分割し、フランスの強化をはかるなど、伝統的なパワー・ポリテックスが英米ソ三国協調の枠内で強調された。なかでも英米相互の対立に備え、英国側と長期的同盟を結ぶことが提言された。他方欧州での社会主義化は最低「一九七四〜九四年」まで延期されるとされた。スターリンはフランス共産党トレーズとの会談で、人民戦線といった三〇年代の表現すら使わぬよう指示した。

スターリンは同盟の証としてコミンテルンを一九四三年五月に解散した。もっともこれは形式であって、既に独ソ戦開始前の四一年四月には執行委員会の機能停止を命じていた（ディミトロフ日誌）。英米ソの大連合首脳が会見する一一月テヘラン会談への地ならしでもあった。かわって六月には共産党国際情報部、後の国際部がつくられ、その国際共産主義とのネットワークは実態的には維持されていた。

こうしたなか一九四四年一〇月、チャーチルが同盟協議でモスクワを訪問した。ソ連の対日参戦が議論された。しかし英

ヤルタ会談
1945年2月、左からチャーチル、ルーズベルト、スターリン。ヤルタ会談では対日参戦を条件にソ連の千島占領を認めた。もっとも1855年の国後・択捉の日本帰属を決めた下田条約のことをは米国側は国務省専門家以外は知らず、最高指導部にも伝わらなかった。

ソは、東欧、特にポーランド問題で利害は一致しなかった。他方スターリンへの米国の支持は頂点に達しつつあった。イデオロギーよりも対米、対英協調を確保する、これが戦争末期のソ連指導部の考えであった。実際、四五年二月のヤルタ会談は、ポーランド問題、千島列島などの帰属、極東の政治情勢などで対米関係はもっとも良好で、スターリンは、米国との協調が我々の利益だと語った。事実スターリンは国連本部をニューヨークにおくことに賛成した。

しかしドイツの敗北が既定事実となる四月には、ルーズベルト大統領の死去により米ソ関係は一転対立基調となる。トルーマン大統領が中心となった七月のポツダム会談で最大の問題となったのはポーランド問題であった。ソ連と英国のチャーチルとの対立は米国が調停したが、ドイツ賠償問題、ポーランドとの国境問題が生じた。スターリンはポーランドとドイツの国境をオーデルナイセ線にすることを強硬に主張した。このときの合意は、ポーランドは独立するが、ソ連に敵対しないという約束だった。同時に、南スラブやバルカンでは、ソ連と英国、そして現地共産主義者の関係は悪化した。

四五年四月、ユーゴスラビアはソ連と相互援助条約を結んだ。

太平洋ではソ連と日本との中立条約が一九四一年四月に結ばれた。独ソ戦でのソ連軍の敗北に際し関東軍特別演習で牽制したが、日本は南進、そして一二月に対米開戦した。日ソ間ではおおむね中立が守られた。その頃から外務人民委員部は戦後秩序を構想し始め、ロゾフスキー次官は一二月末、ソ連と戦争をしなくとも日本は敗北すると予想した。四四年のマイスキー次官の案にも、英米と交渉して千島列島を確保するという考えがあった。四五年二月のヤルタ協定で、ルーズベルトは、ソ連が対日参戦する見返りとして千島列島の引き渡しを密かに示した。しかし七月、ポツダム会談までに米ソ間のすきま風は拡大した。何より米国は原爆開発に成功し、日本攻撃でのソ連参戦を必要としなくなった。モロトフ外相も五月末、佐藤尚武大使に中立条約を延長しないと告げた。八月八日、ソ連は対日参戦し、ポツダム宣言受諾後、千島占領作戦を始めた。この背景には八月十四日に締結された中ソ友好同盟があった。一七〇万のソ連赤軍が朝鮮半島北部や旧満州地域など北東アジアでの占領を通じて戦後秩序形成にも関与した。一五日の大日本帝国の降伏後、米ソ関係は三八度線を境界とした朝鮮半島などをめぐって早くも緊張しだした。

しかしソ連にとって戦争の終結は平和と解放を意味はしなかった。一九四一年八月には数世紀にわたってボルガ河沿岸に住み着いていたドイツ人が中央アジアやシベリアに追放されたが、四三年末から北カフカスのカラチャイ、カルムイク人、四四年にはチェチェン人、イングーシ人、クリミア・タタールなど占領地の少数民族は、対独協力の廉《かど》で中央アジアなどに追放された。彼らの対独協力という容疑は証明されなかったが、スースロフやベリヤたちはお構いなしに追放した。一九三五〜四四年までに中央アジア、シベリアなどに追放された少数民族の数は一一五万〜二四〇万人と諸説がある。

結局この戦争では軍人だけで八六六万八四〇〇人が亡くなったと党政治局に報告された。フルシチョフ期には全体で二〇〇〇万といわれたが、一九九一年この戦争での犠牲者は二七六〇万人へと上方修正された。このすさまじい犠牲者数の多くはスターリンの責任に期すことができようが、そのことが問われるのは彼の死後、五六年まで待たねばならなかった。

英米ソの協調を宣伝したポスター
1945年４月にルーズベルト大統領が亡くなり、７月の英国選挙で保守党のチャーチルが敗北、連合は自明ではなくなっていた。

世界の超大国へ

　一九四五年五月八日ソ連はドイツ・ファシズムとの戦争に勝利した。対日戦争は八月八日になって布告されるが、スターリンは国民への呼びかけで大祖国戦争は終わったと告げた。戦争が終わったとき、ゴスプラン（国家計画委員会）は戦時の喪失を六七九〇億ルーブリと算定したが、これは二八年から戦前の総投資の二倍と見積もられた。ソ連で一七〇〇の都市や居住地が破壊され、七万の農村が荒廃に帰した。人員の損失は二七〇〇万人以上、一一〇〇万人が家を失った。

独ソ戦勝利
1945年５月２日、ベルリンの国会議事堂にソ連国旗を掲げるソ連軍兵士。

◀ 1945年６月24日、赤の広場での赤軍の行進

　農業での損失も大きく、一九四一年に一八一九万人いたコルホーズ人口は、四五年には一一四三万人に減少した。一部には不人気なコルホーズ解散という説も流れた。とくに男性が失われたため女性労働に依拠したコルホーズの状況は劣悪で収容所より悪いといわれた。しかし政府は低い調達価格を維持し、改革の必要を認めなかった。戦争直後の飢饉は深刻であり、四六―四七年にかけて一〇〇万人以上が餓死したともいわれる。四五―五三年にかけて一〇〇〇万人もの人々が棄農した。

　他方でソ連は一国主義的な孤立から脱し、戦後巨大な影響力を持つ超大国となった。世界の安全保障の中心機構である国際連合が一九四三年一〇月のモスクワ宣言で英米中ソにより合意され、四五年四月末のサンフランシスコ会議で具体化された。

　このことはスターリン指導部の世界認識をさらに旋回させた。東欧ではナチス・ドイツを追撃して赤軍が支配した地域を中心に、ブルガリア、ルーマニア、チェコスロバキア、ポーランド、ハンガリー、アルバニア、そして一九四九年に建国される東ドイツなどで人民民主主義

国という共産党系政権が生まれ、ソ連の影響下に入った。スターリンはこの頃ユーゴスラビア共産党のミロバン・ジラスに「この戦争は過去になかったものだ。ある土地を占領したら、占領側はかならずその社会体制を押しつける」といった。モロトフ外相は、当時の外交政策がソ連国境を可能な限り拡大することと理解した。社会主義の理念はスターリンの名とともに世界中に広がった。

同時にこのような巨大な帝国の出現は独自の問題を生み出すことになる。一九三九—四〇年にソ連が併合した西ウクライナ地域などでも抵抗はやまなかった。四五年秋にはブルガリア、ルーマニアの親ソ派政権をめぐり、英米と対立した。四六年五月までイランにソ連軍が進駐したことも不信を生んだ。ソ連軍のいなかったバルカンでもギリシャで共産党の勢いが強まり内戦に発展した。なかでもチトー（一八九二—一九八〇）率いるユーゴスラビアのパルチザンは赤軍の影響なしに権力を握った。

共通の敵がなくなった連合国は基盤が崩れだした。ルーズベルトが一九四五年四月に亡くなった後の米国ではトルーマン大統領の対ソ警戒感が表面化した。六

ジョージ・ケナン
1904―2005
米国の代表的ソ連通外交官。1933年の米ソ国交樹立後ソ連大使館勤務、46年2月に臨時代理大使としてスターリン外交を批判して冷戦の形成に関与、またペレストロイカを評価し冷戦終焉も予想した。

月末に国際連合憲章は署名されたけれども相互疑心が深まった。とりわけ米国が核開発に成功した七月以降、対日戦でのソ連参戦の必要はなくなった。トルーマンはスターリンにポツダム会談で核開発の成功を口頭でのみ伝えることにした。スターリンは対日参戦を急ぎ、八日に対日参戦した。九月二日日本の「ミズーリ号」での降伏調印時には、日露戦争への復讐まで口にした。他方英国で七月に労働党政権が生まれたことで連合国の相互関係は変わった。

戦争直後のスターリン指導部では連合国と対応したモロトフ外相やジューコフ元帥といった人物の比重が低下しだした。九月のロンドン外相会議で欧米に柔軟だったモロトフにスターリンは批判的だったが、その後スターリンの健康が一時悪化し、休養した。後継問題をめぐる憶測が外国メディアに取り上げられたとき、モロトフは検閲緩和を発表した。このためモロトフの権限は縮小され、代わってビシンスキー外務次官が台頭した。一二月のモスクワでの英米ソ三国外相会議では欧米でのソ連不信が強まった。

核開発問題は戦後のソ連を冷戦に導いた大きな要因であった。スターリンが核問題への関心を示したのは一九四三年二月に遡るが、スターリングラードの戦闘後、欧米はまだ国内で発見されていなかったソ連へのウラン供給を停止した。スターリンは広島・長崎に核兵器が投下された後の八月二〇日、国家防衛委員会決定でベリヤを議長、イーゴリ・クールチャトフ（一九〇三―一九六〇）ら物理学者を含む核爆弾開発委員会を設けた。ボルガ河流域の秘密都市アルザマス一六をはじめ核関連の科学施設がつくられた。核開発を担ったのは収容所での強制労働であって、シベリアなどの地下につくられた関連軍需部門をあらゆるコストを払って建設した。四七年まで国内で発見されなかったウランの探索と搬送を占領地チェコスロバキア、東ドイツ、ブルガリア、そして北朝鮮でも始めた。五〇年代まで国内開発が遅れたこともあり、ソ連にとって東欧の支配は核開発の面でも死活問題であった。このためスターリンは一二月モスクワ英米ソ外相会議で日本本土への関与をあきらめても東欧支配を優先した。米国の日本本土支配とソ連の南東欧支配が取引された。

冷戦へと至る米ソ間の不信は、古くは第二戦線問題にも遡るが、特に一九四六年二月に駐モスクワ代理大使のジョージ・ケナンは、スターリンの孤立主義的な政策への回帰、東欧などへの膨張主義を本国への長文電報で警告した。しかし同じ鏡像をソ連の駐米大使ノビコフは四六年九月モスクワに送った書簡で、米国が「世界の支配をめざしている」と書いた。米ソとも互いへの不信と戦争の危険性を意識した。

戦後欧州は大戦争の傷跡により影響力が下がった。各国で労働運動が台頭、各国共産党は影響力を伸張させた。これに

冷戦の漫画
1946年には米ソ対立はイデオロギー、核開発、また東西分裂などすべてのパラメーターで明らかになり始めた。40年代後半にはもはや連合国は存在しなかった。

ソ連の核開発
ソ連の核兵器への関心は1943年までにあったが、スターリンは45年７月のポツダム会談での米国の進捗状況、とくに広島・長崎の実践利用に衝撃を受けた。実は国内にウラン鉱が発見されなかったこともあり、以降その探索が本格化、ウラン鉱があった東欧（チェコ、東独、ブルガリア）へのソ連の統制強化につながった。

世界経済の四割を押さえた米国は経済力で対抗、一九四七年には経済支援のマーシャルプランが立案された。マーシャルプランへソ連が否定的姿勢を明確にした四七年七月が冷戦の一つの画期となった。計画の真意とはドイツによるソ連への賠償をやめさせ、米国の覇権とソ連の影響排除の目的だとスターリンは結論した。ソ連にならって東欧諸国も否定的となった。

社会主義陣営の結束

こうしたなか一九四六年三月人民委員会議は閣僚会議という革命前の呼称に戻った。スターリンが首相だったが、副首相クラスではジダーノフやボズネセンスキーといった新世代が戦中に台頭した。とりわけ秘密警察を握って強制収容所と核開発を任されたベリヤの役割は顕著であって、経済担当のマレンコフ書記とともに影響力を拡大した。さらには戦後のイデオロギーや同盟国対策に登用されたのがレニングラード攻防戦を戦ったアンドレイ・ジダーノフ書記であって、四七年九月にできた共産党・労働者党情報局（コミンフォルム）代表として名を上げた。東欧など同盟国、世界の共産党ネットワークが担当だった。

　ちなみにこの組織は西欧と東欧の共産党国際情報機構であったが、東方でもこれをつくろうとする試みは日本共産党の反対でできなかった。一九五〇年代からは中国共産党がアジアの党への戦術的指揮を行った。日本共産党の徳田球一書記長、野坂参三らも五〇年秋には北京に亡命、そこから日本への極秘の指揮に当たった。徳田の死は五五年まで伏せられた。

北朝鮮と金日成

ソ連軍大尉だった金日成（成柱）は、1946年2月から北朝鮮政府首班となり（48年建国）、50年6月の朝鮮戦争を推し進めた。56年に中ソの介入で失脚しかかるが（8月宗派事件）、以後自主路線を歩むことになる。

イデオロギー的分断という観点からは、マーシャルプランに対抗して社会主義陣営の結束を確認した一九四七年秋のコミンフォルム会議が画期であった。ジダーノフは、ここで帝国主義陣営と反帝国主義陣営といった世界をふたつの陣営の対立とする見方を提示した。四八年三月の西欧同盟からNATOが結成される四九年四月までに、武装した東西対立が強まった。もっともコミンフォルム本部の所在地は当初ベオグラードだったが、ユーゴスラビア共産党が除名されて以降、ルーマニアのブカレストに移った。

この傾向に拍車をかけたのが東アジアでの内戦の激化であった。スターリンが一九四五年八月に友好同盟条約を結んだ国民党の蔣介石政権が敗北、かわって毛沢東率いる中国共産党が四九年一〇月に権力を得た。人口約五億の巨大な社会主義政権が独自に権力を得たことはスターリンの想定外ではあったが、東北部ではそれまでに事実上の親ソ勢力政府ができていた。四九年一月スターリンはミコヤン政治局員を極秘裏に訪中させ、中国共産党にアジアでの指導的な地位を保証した。

北朝鮮では元ソ連軍大尉だった首相金日成が台頭、一九四八年に朝鮮民主主義人民共和国を建国したが、このことに勢いを得た彼は南進統一をはかるべく、四月スターリンに要請して六月二五日朝鮮戦争が始まった。この戦争は冷戦を熱戦に変えた。朝鮮人民軍は釜山近くまで進出するが、ソ連が出席をボイコットした国連安保理が、北朝鮮を非難した結果できたマッカーサーの国連軍で仁川から反撃した。一時は朝中国境まで押し戻された。これには一〇月末に中国人民志願軍が参戦、事実上の米中戦争となり泥沼の三年間の死闘が続く。スターリンは欧州での来るべき第三次世界大戦のためこの戦争を利用しようとしたが、五三年三月五日のスターリンの死でようやく七月休戦となった。

冷戦の激化

冷戦の亢進は戦後スターリン体制の抑圧と重なった。なかでも一九四六年八月、レニングラードの雑誌に関する党中央委員会の決定は、詩人アンナ・アフマトワなどをやり玉に挙げた。これは国内冷戦の始まりであって、国家主義的で保守的雰囲気が強化された。外国人とソ連人の結婚は禁じられ、国際主義は帝国主義の手先と見なされた。このような潮流を代表したのがジダーノフである。この潮流には合理的側面もあって経済担当のボズネセンスキーは四七年一二月、配給制をなくし通貨改革を進め、ジダーノフ自身も教条的な「遺伝子学者」、ルイセンコの学説を厳しく批判したがジダーノフが四八年九月に亡くなると、クズネツォフなど周辺のレニングラード出身者は経済政策の失敗をとらされ、四九年に逮捕・粛清された。

冷戦の激化にはソ連が当初支援した一九四八年のイスラエル建国をめぐる対立が影を落とした。イスラエル建国問題で、ソ連東欧でのユダヤ系住民とスターリンとの関係は複雑化しだした。とくに東欧やモスクワなどでユダヤ系共産党員がイスラエル建国のための出国運動を始めたことはスターリンを驚かせ、「コスモポリタニズム」批判という反ユダヤ・キャンペーンに転じた。ユダヤ人反ファシスト同盟は同年一一月に解散、ミホエルスのユダヤ人劇場も閉鎖された。ロゾフスキー外務次官は四九年一月に逮捕され、五二年に処刑された。モロトフ夫人ジェムチュージナなど政治局員クラスのユダヤ系夫人も追放された。

かわりにイデオロギー担当となったのはミハイル・スースロフ書記（一九〇二―八二）であった。一九三〇年代からの教条的哲学者であったこの人物は、その後もフルシチョフ改革とブレジネフ時代のなか党内に保守的潮流を築きあげた。この間スターリンは党史だけでなく歴史学全般、言語学から経済学まであらゆる問題の最終判定者となり、四九年の「七〇歳誕生日」には科学アカデミーまでもが大部の本を献呈した。この頃モスクワにはモスクワ大学や外務省など巨大な七つの建物が建てられ、建築でもスターリンの権威主義を顕示した。映画ではエイ

アンドレイ・ジダーノフ
1896―1948
キーロフ暗殺事件後のレニングラード党組織を担当、第２次世界大戦での同市攻防戦で名を上げ、戦後は国内での締め付けと冷戦のチャンピオンとして有名だったが1948年死去。

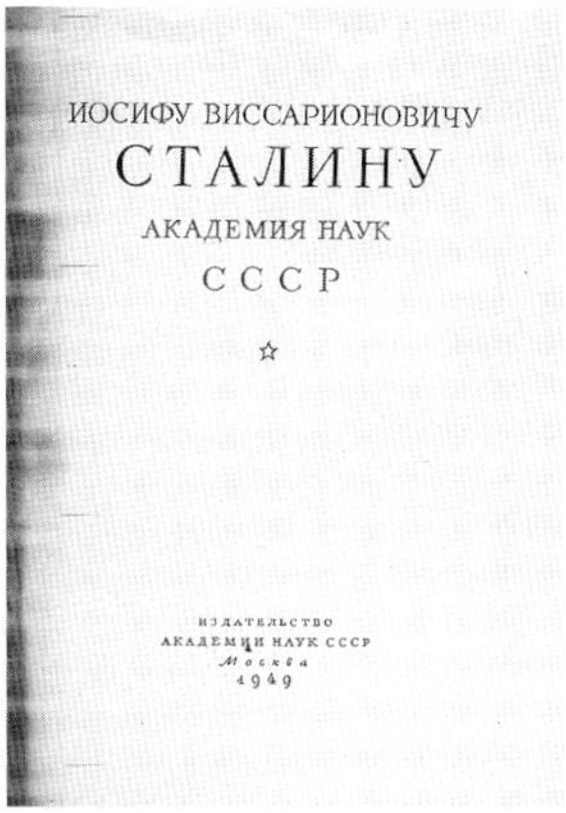

スターリン70歳論集
スターリンが言語学、民族学、歴史学や哲学、遺伝子学など広範囲の学問に介入し、論文を執筆することで多大な「貢献」をしたことへの科学アカデミーの記念論集。学問の政治への従属を示している。

核兵器
1949年８月29日、核実験の模擬爆弾を前にした物理学者ユーリー・ハリトン。（1992年撮影）

ゼンシュテインの『イワン雷帝』に権力と秘密警察の関係を暗示する主題があり、公開が禁止された。音楽家ショスタコービッチはジダーノフの批判を浴びた後、スターリン翼賛の作曲を行った。

戦後経済

ポーランドの経済学者ランゲは、社会主義経済とは平時における戦時経済と特徴づけたが、戦後ソ連の経済は依然として戦時経済そのものであった。一九四六年の飢饉の再発には核開発に重心を移した経済的要請もあった。農村では評判の悪い社会主義財産保護法が再度執行された。コルホーズでの労働を忌避したり、ノルマを達成しないものは追放された。多くの農民がコルホーズを捨て、都市に走った。四九―五三年までのあいだだけで、コルホーズの稼働人口は三三〇万人も減少した。国内飢饉のさなか「フランス人民の食糧事情を救うため」飢餓輸出が行われた。食糧不足から配給制度は四七年末まで続けられた。

実際、農業危機、飢饉の真因は核開発を含めた軍拡のためであった。軍事を含む重工業優先政策が継続した。次第に軍需生産への比重が高まり、とくに一九五三―五五年には急速に軍需工業は過剰達成された。Aセクター、つまり重工業への投資は、四五年の七五パーセントに対し、四六年は六六パーセントだったが、五三年には七〇パーセントまでに至った。航空機産業も五〇―五五年で倍近く生産された。ジェット機などがつくられた。軍事産業は戦後も優先された。当然これらは国民経済には巨大な負担となった。スターリンは晩年「我が国は軍事工業独裁だ」と漏らした。

新たにウラン鉱が発見された極東のコリマなどでの採掘には囚人労働が強化された。トムスク7など核秘密工場は生産を強化した。核災害も起きた。こうして一九四九年八月カザフのセミパラチンスク実験場で最初の核実験に成功した。五一年一〇月、スターリンは、国防強化のため各種核実験を続けると宣言、五三年には水爆をも保有した。

収容所には二四〇万人もの「人民の敵」とされた人々が居住した。経済の軍事化は重くのしかかった。内務省傘下の収容所では、不満や抗議、反乱すら生じていた。ニッケル精錬のために囚人労働が使われた。一九五三年の短く暑い夏に収容所での反乱も起きた。ノリリスクやカラガンダでは、スト、蜂起などの抗議活動が生じた。ストの中心はウクライナ民族派だったが、スターリンの収容所体制は危機に直面した。

冷戦の深刻化は一九四八年以降本格化し、このことは四九年の中国革命の成功と人民共和国成立でいっそう決定的となった。実際一一月に劉少奇は世界労連の北京大会で労働組合活動の中心は毛沢東流の農村からの武装闘争であるといって世界の労組関係者を驚かせた。スターリンもこの演説を支持した。毛沢東は権力掌握後初めて四九年一二月からモスクワに滞在、五〇年二月に中ソ同盟相互援助条約を結んだ。

朝鮮戦争が始まると英米政府は日本の吉田茂首相との講和に傾いたが、ソ連は一九五一年のサンフランシスコ対日講和の九月調印を拒否し、対日政策は混乱した。この間北京に亡命していた徳田球一ら日本共産党には軍事綱領がモスクワで決められた。五二年八月中国の周恩来に朝鮮戦争は第三次世界大戦を引き延ばすために利用したいとスターリンは直截に語った。

こうして一九五〇年末までに、スター

リンはＮＡＴＯの脅威に対抗する東欧全般での戦争準備を模索した。五一年一月、スターリンは東欧の共産党と軍指導部を呼んで、五三年末にも戦争準備を完了すべきであるといった。これに応じてコミンフォルム組織を強化することが計画された。戦争の雰囲気は増加した。核保有国となったソ連だが、スターリンは第三次世界大戦の影におびえた。五二年後半からはとくに戦争は不可避と考えられた。一〇月になって開かれた第一九回大会ではマレンコフ書記が中央委員会報告を行ったが、明らかな後継者はいなかった。極東でも軍事化が進み、鉄道建設も促進された。五〇年ソ連はいったん廃止した死刑判決を「裏切り者、スパイ」対象に復活させた。なかでも五三年はじめに発覚した医師団陰謀事件ではユダヤ系など九名の医師が逮捕された。病気がちで猜疑心深いスターリンは五二年一〇月にはモロトフやミコヤンまで一掃しようと、党幹部会員からはずした。

ソ連外務省
この建物の他、モスクワ大学の巨大な建築物、ホテル・レニングラードなど、戦後になって七つのゴチック様式の権威主義的なビルがつくられた。

　この間、収容所は拡大し続け、一九四七年には一五〇万、翌年は一一〇万人の囚人を受け入れた。五三年一月、内務省は収容所、コロニーの総人口を二四七万人余と記録した。政治捕虜や、戦後対独協力者、チェチェン人やクリミア・タタール人などが、またバルト諸国などから特別移住者が収容所に加わった。彼らは運河からトンネルを経て核兵器に至る、スターリンの特別プロジェクトに労働力を提供していた。スターリン期全体の収容所の住民数はソ連崩壊前後様々な推定がなされたが、今では約二〇〇〇万人、また追放されたものは六〇〇万人程度、政治的理由で落命したものも六〇〇万人程度、これらのうち三〇〇万―三五〇万人程度が銃殺刑となったといわれる。刑法典五八条での反ソ活動という曖昧な規定で恣意的に裁量された。五三年三月スターリンの亡くなった時点で、矯正労働収容所には二五〇万人程度が拘束され、このうち五七万人は一〇年以上、二〇年以上の刑には一八万八〇〇〇人がいた。これとは別に内務省の特別収容所には政治犯五五万人が収監されていた。

第五章

保守と改革の時代

1953-64

スターリンの死
1953年3月1日、スターリンはモスクワ郊外の別荘で倒れているところが発見され、5日夜死去した。マレンコフが首相職を一応継いでいたが、この突然の死は、後継者争いを本格化させた。

スターリンの死

一九五三年三月五日にスターリンが死去、ほぼ四半世紀にわたる内外の戦争状態からソ連は突如解放された。小説家イリヤ・エレンブルグのいう「雪解け」の始まりだった。五日の党と政府指導部の合同決定により、マレンコフが首相、残りの副首相はベリヤ（内相）、ブルガーニン（国防）、モロトフ（外相）、カガノビッチという分担となった。それにボロシーロフ（最高会議）、フルシチョフ党書記という集団指導体制がとられた。スターリンは後継を明確に定めなかったこともあって後継者争いが、脱スターリン化や平和共存への模索と絡み合った。権力を争ったのは側近のベリヤ、マレンコフ、そしてフルシチョフであった。

なかでも当初ベリヤの台頭はめざましく、収容所を解体、ドイツの統一案、コルホーズの解体など、「改革派」としての側面を演出しだした。核開発を含めた収容所体制を管理する秘密警察のトップとして、経済や社会の実情、国際社会での地位など多くの情報を得ていた。密かに世論調査を試み、強制労働は高くつくという報告も利用した。改革は不可避であると理解した。こうして三月二七日の大赦令で一〇〇万人が釈放され、収容所にあったモロトフ夫人など約半数を解放した。バム鉄道など囚人労働を使ったプロジェクトも中止され、医師団陰謀事件など戦後政治事件の再審を開始した。イスラエルとの外交関係改善にも意欲を見せた。バルトの民族共和国でも地元民族幹部を優遇、コルホーズの解散までも考

ラブレンチー・ベリヤ　1899−1953
ベリヤは、1917年革命に参加、カフカズの秘密警察を抑え、38年内務人民委員。41年副首相として、収容所から核開発までを担当、53年第一副首相だったが6月25日には逮捕され、12月処刑。

集団指導　3月5日のスターリン後の後継体制を決める中央委員会会議で、マレンコフ（右）が首相、秘密警察のベリヤ（中央）が第一副首相、そしてフルシチョフ（左）が党書記として集団指導を行うこととなった。

ＫＧＢ本部　ベリヤが処刑されたあとフルシチョフらは秘密警察を共産党の統制下におく体制を決め、新たに1954年に国家保安委員会（ＫＧＢ）を発足させた。

えた。消費財重視への転換はベリヤと親しいマレンコフ首相が先陣を切っていた。八月の最高会議では消費財・農業重視を打ち出した。

だがベリヤらと他の指導者との対立がさっそく生まれた。ベリヤは外交問題を政府で処理することとしたため党の指導的役割を無視、外相に復帰したモロトフとも衝突した。特にドイツ統一案など新機軸を出したが、これが六月のベルリンでの反ソ暴動となった。この危機を契機として潮流は変わった。東ドイツ保守派の反発はにわか改革派ベリヤの六月二五日の逮捕につながった。朝鮮戦争でも変化が生じ、七月休戦協定が調印された。

ベリヤ追放の首謀者はフルシチョフ党書記らであり、ジューコフ元帥ら軍幹部を動員した。七月二日に「ベリヤの反党的反国家的行動」に関する秘密党総会が開かれ、フルシチョフはベリヤが共産党を無視したと批判した。一二月軍裁判所決定によりベリヤは処刑された。九月総会で第一書記となったフルシチョフのもと、権力配置が政府から党へと変わり始めた。ベリヤに近かったマレンコフ首相も一九五五年二月に首相を解任され、後任はフルシチョフの長年の同僚、ブルガーニンになった。「ベリヤ事件」の反省から合法性へのプロセス、非スターリン化も始まった。もっともそれは抑圧を治安機関の責任に転嫁し、党の責任を回避するねらいもあって、党支配の安定という枠内でしかなかった。それでも内務省を分割し、五四年三月からセロフ将軍が率いる国家保安委員会（ＫＧＢ）と改称された秘密警察には各級の党機関が関与、これにより党支配の安定は確保された。公開裁判は停止された。秘密警察長官が逮捕され、処刑されたベリヤ事件は世論から支持された。

フルシチョフの台頭

国の指導的役割は共産党官僚、書記局にあり、これがフルシチョフ台頭の基盤となった。フルシチョフは一八九四年に生まれ、ウクライナの炭坑で働くが旧知のカガノビッチの推薦で二八年からモスクワ市委員会で教育を受けつつ都市建設に関与する。五三年なかばには地方党幹部の支持を得るため中央政府機関のノメンクラトゥーラとよばれる官僚を削減した。なかでもスターリン死後のコルホーズ農業政策の改革、とくに九月党総会で農産物価格を値上げし、生活が向上したことはフルシチョフの人気を高めた。指導部で唯一農業に詳しいフルシチョフは地方を回り、カザフ共和国の処女地開拓ではブレジネフなど若手官僚や青年層を大量動員した。

　さらには、軍事・安全保障もフルシチョフの得意分野となった。スターリンの世界戦争不可避論に変わって平和共存論が採択され、朝鮮戦争は停戦となった。大規模な旧式軍を維持するよりもロケット部隊を優先したことは、核戦略近代化を願う軍改革派の意向にも沿うものだった。一九五七年一〇月の人工衛星スプートニク打ち上げから六一年四月のガガーリン少佐の宇宙飛行などはソ連の科学技術を示すことになる。その勢いで軍の一二〇万人削減を進め、平和攻勢を行う。新国防相ジューコフとの関係も強まった。米国大統領アイゼンハワーと戦友のジューコフは軍の独自性を追求しだした。

　核大国となったソ連はアンドレイ・サハロフ博士が開発した水爆でも米国に先行した。もっとも一九五三年八月の水爆実験は巨大な破壊力により指導部を驚愕させ、マレンコフ首相は「世界文明の死滅」を口走ったため、イデオロギーを無視したとして解任の一因となった。五五年にフルシチョフらは近隣国との和解に動き、五月にオーストリアについての英米仏との国家条約が結ばれた。ジュネーブ外相協議と並んでフルシチョフは五四年一〇月北京を訪問、対日講和を急ぐことを毛沢東と合意、旅順・大連ではソ連海軍を引き上げた。吉田自由党に変わった鳩山一郎民主党政権との日ソ交渉にも着手しだした。

　この過程でフルシチョフは保守派のモロトフ外相と対立した。最大の論点となったのは外相が資本主義国と断罪したユーゴとの和解だった。フルシチョフ第一書記は一九五五年五月ベオグラードを訪問、翌五六年六月にはチトー大統領がモスクワを訪れ、ユーゴスラビア共産主義者同盟とソ連共産党との関係が修復された。モロトフ外相は解任され、後任はシ

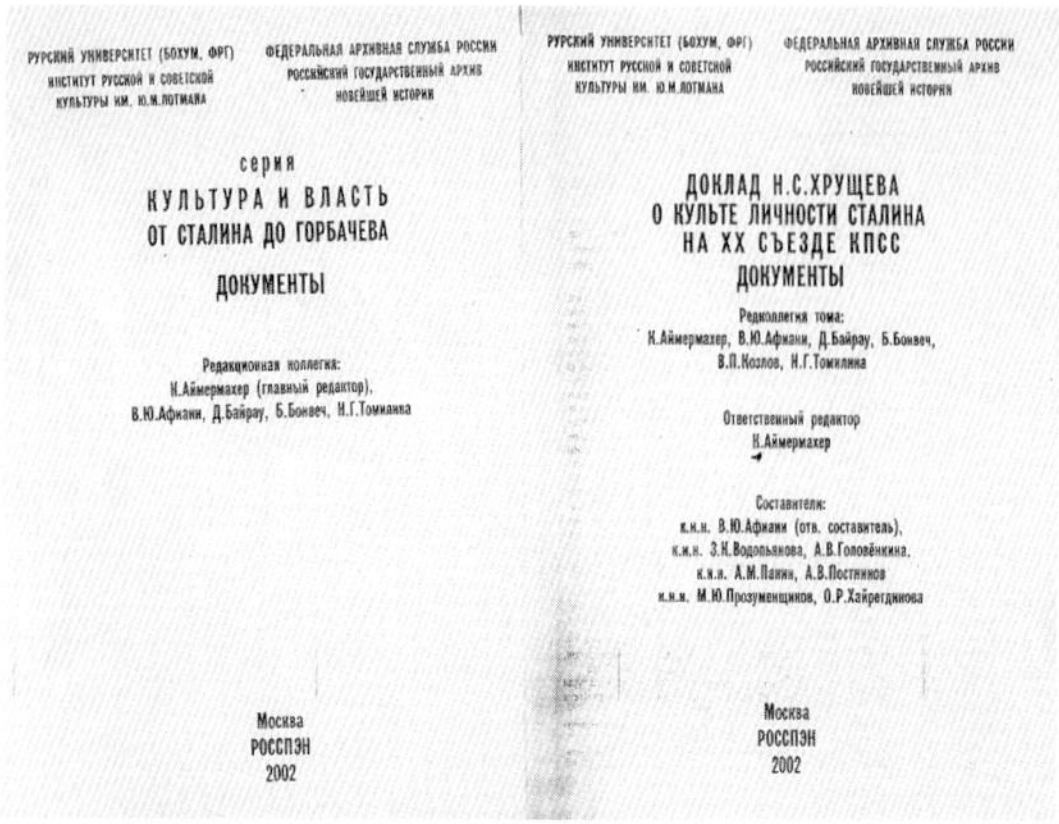

РУРСКИЙ УНИВЕРСИТЕТ (БОХУМ, ФРГ)
ИНСТИТУТ РУССКОЙ И СОВЕТСКОЙ
КУЛЬТУРЫ ИМ. Ю.М.ЛОТМАНА

ФЕДЕРАЛЬНАЯ АРХИВНАЯ СЛУЖБА РОССИИ
РОССИЙСКИЙ ГОСУДАРСТВЕННЫЙ АРХИВ
НОВЕЙШЕЙ ИСТОРИИ

серия
КУЛЬТУРА И ВЛАСТЬ
ОТ СТАЛИНА ДО ГОРБАЧЕВА
ДОКУМЕНТЫ

Редакционная коллегия:
Н.Аймермахер (главный редактор),
В.Ю.Афиани, Д.Байрау, Б.Бонвеч, Н.Г.Томилина

Москва
РОССПЭН
2002

РУРСКИЙ УНИВЕРСИТЕТ (БОХУМ, ФРГ)
ИНСТИТУТ РУССКОЙ И СОВЕТСКОЙ
КУЛЬТУРЫ ИМ. Ю.М.ЛОТМАНА

ФЕДЕРАЛЬНАЯ АРХИВНАЯ СЛУЖБА РОССИИ
РОССИЙСКИЙ ГОСУДАРСТВЕННЫЙ АРХИВ
НОВЕЙШЕЙ ИСТОРИИ

ДОКЛАД Н.С.ХРУЩЕВА
О КУЛЬТЕ ЛИЧНОСТИ СТАЛИНА
НА XX СЪЕЗДЕ КПСС
ДОКУМЕНТЫ

Редколлегия тома:
К.Аймермахер, В.Ю.Афиани, Д.Байрау, Б.Бонвеч,
В.П.Козлов, Н.Г.Томилина

Ответственный редактор
К.Аймермахер

Составители:
к.и.н. В.Ю.Афиани (отв. составитель),
к.и.н. З.К.Водопьянова, А.В.Головёнкина,
к.и.н. А.М.Панин, А.В.Постников
к.и.н. М.Ю.Прозуменщиков, О.Р.Хайретдинова

Москва
РОССПЭН
2002

第20回党大会でのスターリン批判の議事録
この文献は1956年にはソ連国内で読まれたが公式には出版されず、当時ポーランド党がつくった文献を米国政府が入手、56年７月米国務省が発表した。ソ連版はペレストロイカ期に公表、2002年に決定版が出た。

ハンガリー動乱
1956年10月23日、反ソ市民暴動が勃発。
戦車の上に立ち、国旗を振るブダペスト市民。
（写真提供・MIT＝共同通信社）

ェピロフとなった。

なかでも一九五六年二月第二〇回党大会でのフルシチョフによるスターリン批判は世界を震撼させた。これはスターリン派とフルシチョフ、ミコヤンら改革派の闘争でもあった。五五年秋頃から党内で「個人崇拝批判」の資料が準備されたが、指導部内での意見対立も表面化した。スターリン粛清の人数が示され衝撃を与えた。幹部には批判内容は事前に知らされ、中国の朱徳やイタリアのパルミーロ・トリアッチなど一部の外国共産党来賓にも示された。フルシチョフは党官僚が用意した決議「個人崇拝とその結果について」に飽きたらず、大会終了後の二五日深夜に党代議員秘密会を招集、四時間にわたる「秘密報告」演説を行った。スターリンがレーニンの遺言を無視、党機関を軽視し、忠実な党幹部まで粛清したこと、またスターリンがナチス・ドイツを軽視、赤軍幹部を粛清したため緒戦で敗北したことが指摘された。もっとも報告は責任をスターリンやベリヤに負わせ、党自体の責任は回避した。この秘密報告は国内集会で読まれたが九〇年まで国内で出版はされず、かわりに米国国務省が七月に内容を公表した。

ベルリン危機
チェックポイント・チャーリー（検問所）でにらみ合う、米国とソ連の戦車。

東欧での危機

衝撃と反動とは世界に広がった。共産主義の最高指導者による「個人崇拝」と犯罪が後任によって暴かれた。スターリンの故郷ジョージアでは反政府暴動が起きた。東欧ではさらなる大変動を招いた。ポーランドでは党指導者ビエルートがモスクワで党大会時に亡くなったことも混乱に拍車をかけた。一九五六年六月末から反政府集会が開かれ民衆暴動に発展した。民族派党員のゴムウカが一〇月一九日に第一書記として復活した。フルシチョフは鳩山首相との共同宣言調印式を欠席してもポーランドに圧力をかけた。

最大の政治危機はハンガリーであった。七月にスターリン派のラコシはソ連に亡命したが改革派のナジ首相は統治能力に欠けており、ソ連はヤノシュ・カダルを第一書記に推した。しかし党の権威は崩壊、一〇月に保守派はソ連軍の介入を急いだ。ソ連執行部は一部の反対をよそに介入を決定した。だがこれは火に油を注ぎ、かえって民族蜂起へと発展した。ナジ政府は一九五五年からのソ連の同盟組織＝ワルシャワ条約機構からの脱退を宣言した。逆にカダルらはソ連に支援を求めた。一一月四日ソ連軍は二度目の介入を行って、民主化運動と武装抵抗を押さえ込んだ。この紛争で中国共産党はソ連の党幹部会に劉少奇、鄧小平を派遣し、抑圧を支持する。この間中国系幹部の反乱で失脚しかかっていた北朝鮮の金日成は、東欧反乱のおかげで首がつながった（八月宗派事件）。

一九五七年夏までに、フルシチョフと党の保守官僚との亀裂とは限界に達していた。フルシチョフは特に地方党幹部の支持を当てにし、地方国民経済会議という改革案を出した。これは中央集権的な省庁権限を地方に分与することでスターリン型指令経済の改革をはかるものであったが、核攻撃に備えて権力の分散化を進める意味もあった。

しかしこれは保守派による批判をよんだ。何よりも彼の性急なやり方はマレンコフらをも保守派の側に回した。一九五七年六月一八日党幹部会が開かれ、フル

ベルリンの壁
1961年8月26日、建設まもないベルリンの壁。壁の内側には東ドイツの国境警備兵が控えている。

シチョフは第一書記からいったん解任される。しかし四日間続いた会議でミコヤン、ジューコフらフルシチョフ支持派は巻き返し、中央委員会総会の開催を要求した。二二日からの総会では軍の支持があったフルシチョフ派が勝利した。スターリン時代以来のモロトフ、カガノビッチ、それに荷担したシェピロフなどを解任した（反党グループ事件）。もっともブルガーニン首相まで反対したため、フルシチョフはやがて首相を兼務することになった。この後別の問題が直ちに起きた。フルシチョフはここで頼みとした国防相ジューコフを一〇月の党総会で突然解任した。軍の台頭を恐れてである。それはフルシチョフ専制の完成だった。

　けれども一九五〇年代末からのフルシチョフの統治は矛盾に満ちたものだった。外交面では五九年に米国を初めて訪問、平和共存と米ソ協調とを演出する。しかしこのことは米国帝国主義を張り子の虎といった毛沢東政権を怒らせ、彼らを核開発に走らせた。六〇年に入ってU2型機事件が起き、これがきっかけで米国との競争でのソ連の遅れが顕著になるとソ連は軍備拡張に走り、米ソ関係も緊張した。ケネディ民主党政権が誕生したが、六一年八月には東ベルリンからの住民の逃亡を防ぐベルリンの壁を東ドイツ政府が建設したことにより西側と対立した。

　これらを挽回しようと、フルシチョフは一九六一年の第二二回党大会でスターリン批判を再度試み、改革色を演出した。また文化面ではアレクサンドル・ソルジェニーツィン（一九一八―二〇〇八）が書いた収容所文学を改革派編集長トワルドフスキーの「ノービィ・ミール」誌に掲載することを許したが、教会やロシア民族主義には厳しく当たった。彫刻家ネイズベスヌィの作品をフルシチョフはこき下ろしたが、ノボデビッチー墓地の自身の墓を彼がつくることになるとは知りようもなかった。六〇年代詩人ブラート・オクジャワやウラジーミル・ビソツキーの吟遊詩はモスクワの公園から権力者の別荘まで次第に広がりだした。詩人エフゲニー・エフトゥシェンコら六〇年代人といった文化人の活動が広がった。

キューバ危機

一九五九年からは新七カ年経済計画が第二一回党大会で新しく策定された。米国に追いつき追い越す、という経済競争もあり、特に食糧増産が進められた。しかし肝心の農業ではフルシチョフの政治指導は裏目に出た。有名なリャザン事件では、畜産業の大幅増進を行政的圧力と地元ボスの野心で進めた結果、肝心の家畜が屠殺される結果となった。七〇年代までこの後遺症が残った。また五九年の米国訪問でトウモロコシ栽培に刺激され

第22回党大会でのフルシチョフ
次第に独裁的な体制になってきたフルシチョフは、スターリン批判を再開することで人気を再度得ようとしたが，1956年ほどの影響力はなかった。

キューバ危機
1962年10月、キューバ危機の最中、ハバナの海岸通りで対空砲を準備するキューバ軍兵士。(写真提供・ロイター＝共同通信社)

たフルシチョフは、気候条件を無視してキャンペーンを行ったため失敗した。また干ばつなど農業の遅れにいらだって、住宅付属地を制限した。六二年にロシア南部のノボチェルカースクで食糧価格値上げに抗議した市民に当局が発砲するという事件が起きた。中央アジアなどでの処女地開発も六〇年代となると砂漠化現象により干ばつが頻発した。六三年には米国から小麦を輸入した。またフルシチョフは戦中から寛容策をとってきた宗教政策を反転させ、多くの教会を閉鎖した。「共産主義に前進する」ため各共和国の民族文化にも狭量であった。

キューバ危機のミサイル
1962年の米ソ間は緊張し、カストロはソ連側に米国攻撃を進言。実際第3次世界大戦の危険は存在した。またキューバにソ連がミサイルを持ち込もうとしたが、米ソは外交決着で終わった。その米ソ首脳はいずれも2年程度で暗殺されるか失脚した。

引退したフルシチョフ
1964年10月に失脚したフルシチョフだが、その後回想録を書き、71年まで一市民として生きた。

一九六二年一〇月には革命派カストロ政権が誕生していたキューバに核ミサイル基地を建設して、対米劣位を補おうと企画したことで、ケネディ政権と再度衝突した。世界は核戦争の瀬戸際に立った。結局この対立で手を引いた形のフルシチョフは軍保守派の批判をかった。また中国との関係は六〇年までに核開発などの技術者引き上げからイデオロギー的な対決に発展し、世界の共産党のなかでもアジア諸国の党は中国寄りとなった。

とりわけフルシチョフが党機関を農業と工業に二分し、また任期を制限する党機関改革の試みを行ったことは引退を迫られた官僚からの批判を強めた。こうしたフルシチョフの上からの「民主化」に批判的な党官僚たちは一九六四年一〇月の合法的なクーデターによる追放劇で応じるようになる。六四年一〇月、遅い休暇をクリミアの別荘で取っていたフルシチョフの電話回線が切れた。クーデター的な反フルシチョフ政変であって、一四日に開催された党中央委員会総会でフルシチョフは党と政府とから解任された。年金生活者となったフルシチョフは、海外で出版される回想録を書いて七一年に亡くなる。

第六章

停滞する超大国

1964-84

ブレジネフの政治

フルシチョフ失脚は陰謀的ではあったものの、基本的には幹部の合意でなされた。党と政府を分離することになり、党のトップにはレオニード・ブレジネフが、首相職にはアレクセイ・コスイギン（一九〇四―八〇）がつくことが一〇月一五日に発表された。この後ニコライ・ポドゴルヌィが国家元首にあたる最高会議幹部会議長となり、集団指導体制がとられることになった。旧KGB議長だったアレクサンドル・シェレーピンら党幹部がフルシチョフ更迭に動いた理由は、農業の失敗、そして党の「民主化」であった。幹部たちはフルシチョフの思いつきと失政の責任をとらされることに飽きていた。

ブレジネフは一九〇六年一二月ウクライナ生まれのロシア人で三七年の大粛清のなか台頭、戦争中は赤軍で党活動、戦後はモルダビアやカザフ共和国を経て五六年からは党書記として、ロケット開発など軍需産業を監督した。読書嫌いで同じ父称（ウラジーミル・イリイチ）を持つレーニンの著作すらまともに読んだこと

レオニード・ブレジネフ
1907―82
1964年10月のフルシチョフ第一書記追放後、第一書記（66年から書記長）となる。70年代にデタント政策を推し進めたが中国の毛沢東政権と対立。アフガニスタン出兵を認め、経済成長の低下を放置、ソ連崩壊の遠因をつくった。

はなかったが、仲間思いで書記キリレンコや、チーホノフ（後の首相）らも同郷であった。腹心コンスタンチン・チェルネンコは党総務部をとりしきった。

ブレジネフのこの経歴は彼の優先順序を示していた。核軍拡を中心とした軍備拡大、とくに対米対等が目標となった。キューバ危機の屈辱は避けなければなかった。国防相グレチコは軍人だったが、その後の国防相ウスチノフは、レニングラードの軍需産業専門家であった。このようにブレジネフ世代は、スターリンのもとで軍事などでの科学技術の速習教育を受け、党・経済官僚として台頭した官僚層であった。

ブレジネフは「発達した社会主義」のスローガンのもと、制度の利害と合意とを重視した。「主観主義的」とされたフルシチョフ改革の「行き過ぎ」の是正、とくに党人事の民主化の抑制と経済省の復活を行った。党幹部要員の安定とノメンクラトゥーラと呼ばれた党官僚制による安定した統治の維持が目的となった。一九六六年四月の第二三回党大会では、第一書記にかわって書記長（ゲンセク）の呼称が戻った。五カ年経済計画も復活、党大会も五年に一度開催されるようになった。イデオロギーでは教条的なスースロフによる保守的社会主義の理念が持続した。もっともこの人物はロシア主義的でもあり、学術・学教育機関担当は保守派であった。党内外で議論は乏しくなり、イデオロギー論争も儀式化した。フルシチョフ期の改革派はこの頃できたアメリカ・カナダ研究所など学術機関に閉じ込もった。官僚たちは長期にわたって自己の権力を維持し続け、のちに「停滞の時代」とよばれた。

一九六六年の第二三回党大会前後、当初はスターリン復権をはかる「ネオ・スターリン主義」も台頭する。ウクライナ出のピョートル・シェレスト、コムソモール出でもあるシェレーピンなどである。彼らは西側に強硬で、改革的文学者ユーリー・ダニエル、アンドレイ・シニャフスキー（筆名アブラム・テルツ）らを政治裁判にかけた。またスターリン外交を批判した歴史家アレクサンドル・ネクリッチの『四一年六月二二日』が攻撃された。集団化に関する歴史家ビクトル・ダニロフの著作も差し止められた。もっともスターリンの復権には、外交官マイスキー、物理学者ピョートル・カピッツアら学者・知識人の集団、そして東欧からの反対があった。このため六九年のスターリン生誕八〇周年にもブレジネフは慎重で、イデオロギーの基調は穏健保守となった。

経済改革の後退

当初は改革論が消えたわけではない。コスイギン閣僚会議議長のもとで一九六五年から経済改革が始まった。企業による成功指標を利潤と関連させることを提唱した経済学者エフセイ・リーベルマンなどを動員して経済改革を構想した。これは企業の独立採算を強め、利潤やボーナスを取り入れ、経済的自主権を与えるものであった。しかし大胆な改革には党の全面的支持を必要としていたが、指導者ブレジネフは消極的だった。経済思想では市場改革派は異端とされ、中央集権的な指令経済を前提とした数理経済学派のような合理化派が主流であった。また農業改革ではゲンナジー・ボーロノフらは積極的であった。こうしたわずかな改革の雰囲気に終止符を打ったのが六八年のチェコスロバキアの改革運動への介入事件だった。「人間の顔をした社会主義」をめざしたドプチェク指導部の「プラハの春」運動に八月ワルシャワ条約機構軍が武力介入した。介入の結果、東欧での経済改革派は後退、以降経済改革という言葉すらタブーとなった。

農業政策でも、一九六五年三月中央委員会総会でコルホーズなどの権限が拡大され、非フルシチョフ化が進められた。農業省が復活し、コルホーズ締め付けを行った屋敷付属地への制限がいちはやく緩和され、家畜所有の緩和など一定の範囲で農民の選択が許された。また穀物調達価格も引き上げられた。民族文化などもある程度緩和された。

このようななか、政治的な分極化すら生じていた。フルシチョフ後の党内にはネオ・スターリン派、穏健派、党民主派といった潮流が分岐しだした。異論派も生じた。平和共存を主張する水爆開発の物理学者アンドレイ・サハロフ博士は『進歩・平和共存と知的自由』を海外で発表した。作家ソルジェニーツィンらも体制批判を強めた。少数だが党内改革派には、スターリン批判の『共産主義とは何か』を書いたが出版できなかったロイ・メドベージェフがいた。エフゲニー・ギンズブルグらも、ダニエル、シニャフスキー事件に関する記録をサミズダート（地下出版）で出した。この頃不定期の情報誌『時事通信』が一九六七年四月に刊行された。六八年八月のチェコへの軍事介入に際しては、知識人五名がソ連史上初めて、赤の広場で抗議の示威行動をした。また六〇年代末には人権擁護運動も登場、サハロフらは「人権委員会」をつくり民主化を訴え合法性の枠内で闘争した。これに対し六七年からKGB議長となったアンドロポフは、直接の弾圧よりも運動の分断と活動家の精神科病院への入院、そして海外への追放といった行政措置をとった。文芸雑誌「ノービィ・ミール」の編集長トワルドフスキーも七〇年解任された。もっともリュビーモフが演出した前衛的なタガンカ劇場は一部エリートにも支持され、ブレジネフ時代の混沌を示唆した。

外交問題の深刻化

外交面では、ブレジネフ路線が固まるまでには変遷があった。西側との平和共存政策は基本的に維持されることとなった。より安定と安全を重視した対米対等、デタント（緊張緩和）へ移行するため、とくに軍事的な基盤強化が必要であると考えていた。ソ連海軍力の弱さが指摘されたキューバ危機以降は海の軍事力を強化する方針もとられた。米国のベトナム戦争の拡大は対米関係改善には良い環境でなかった。コスイギン首相も米軍北爆下のハノイを訪問、北ベトナム支援を約束した。一九六七年六月の第三次中東戦争では、同盟関係にあったエジプト、シリヤなどとイスラエルとが対立、ソ連はアラブ寄りの姿勢を示した。

他方中ソ対立は激化、社会主義陣営の指導権争いが生じたが、第三世界でのソ連の威信はかげりを見せた。このためソ連は東欧諸国を動員し、毛沢東批判を強めた。一九六九年三月には極東のダマンスキー島（中国名、珍宝島）で社会主義国はじめての武力衝突にまで発展した。その後もソ連の対中外交は、林彪事件など中国内政の急旋回にもかかわらず緊張したままで、このことは七二年の米中接近でより強まった。

なかでも問題なのは東欧であった。チェコスロバキアでは一九六八年はじめ保守派が解任され、ドプチェクが第一書記に選出された。彼は「人間の顔をした社会主義」をめざし、四月には体制内改革を提起した党行動綱領が出され、党外知識人も「二千語宣言」を採択した。共産

プラハの春
1968年8月、チェコスロバキアに介入するソ連軍兵士。

ロイ・メドベージェフ　1925—
ソ連期から現在に至る歴史家、兄ジョレスとともに異論派社会主義者として歴史や評論活動で活躍、ソ連末期人民代議員なども務めた。

党の権威の低下を恐れたソ連は危機感を募らせ、チェコスロバキア指導部に警告した。もっともモスクワは改革に反対だったが、とるべき対応をめぐって意見は別れた。ロシアの歴史家ルドルフ・ピホヤによれば、政治解決派のブレジネフ、コスイギンに強硬策を進言したのはアンドレイ・グロムイコ、ユーリー・アンドロポフやドミトリー・ウスチノフ、といった将来のデタント派であり、そして保守派のピョートル・シェレストらであった。結局六八年八月二一日にワルシャワ条約機構軍が介入、ドプチェクはソ連に連行され、屈辱的な「モスクワ議定書」

を締結した。こうして介入と主権制限を社会主義の名で正当化するブレジネフ・ドクトリンが展開された。その後六九年四月には親ソで反改革的なフサークが第一書記となった。

しかし東欧問題はさらに深刻化した。ポーランドでは一九七〇年末自生的労働運動が生じた。その結果ゴムウカ政権は倒れ、ギエレク政権が経済協力をＩＭＦに要請した。ルーマニアでも民族主義的なチャウシェスクはチェコスロバキアへの軍事介入には反対であって、独自の外交路線を追求したが、国内での政治経済体制はきわめて権威主義的であった。またハンガリーでは新経済メカニズムという改革案がカダル政権のもとで始まった。東ドイツでも、ウルブリヒトにかわってホネッカーのやや独自な路線が始まった。他方一六番目の共和国と揶揄されたブルガリアのジフコフ体制はソ連に忠実であった。ワルシャワ条約機構に加盟しないユーゴスラビアのチトー政権とソ連とのあいだは冷淡な関係が続いた。

こうしたなかソ連外交も当初は集団指導であり、一九七〇年代の対米協調やデタントには一部は乗り気でなかった。イデオロギー担当の第二書記スースロフが外交も担当した。外務省と並ぶ党国際部は、コミンテルンの後継組織であったが、ポノマリョフ書記が資本主義国と第三世界とを担当した。この間中国や東欧など国際共産主義運動には決定的分裂がもたらされた。文化大革命のさなかにあった中国共産党の毛沢東はソ連と徹底的に対決した。西欧共産党ではチェコスロバキア事件以降ユーロ・コミュニズムの潮流が台頭、社会民主主義との協調を進めた。改革派は各国党内部で姿を消した。

対西側関係では現状維持であった。ソ連の対欧州政策は、一九六九年に首相となった西ドイツ社民党ブラントの東方政策などもあり伸展した。西ドイツに対するソ連の警戒は薄れた。七〇年ソ連と西ドイツとのあいだに武力不公使条約が締結され、これは七五年の全欧ヘルシンキ条約に結実された。米ソ関係は、六八年の核拡散防止（ＮＰＴ）条約などをきっかけに接触が開始され、七〇年からは戦略兵器制限（ＳＡＬＴ）交渉が正式に始まった。六〇年代後半の核戦力の大幅増強と対米対等の確保によりキューバ危機以来の劣位を挽回できたと指導部は考えた。ベトナム戦争に苦しむニクソン大統領は、対ソ関係改善にも乗り出したからである。デタントをめぐっては双方で反対論もあったが、党書記長ブレジネフの外交権限が拡大し、彼の支持派として外相グロムイコ、国防相のグレチコ、ＫＧＢのアンドロポフといった官僚が政治局に加わった。こうしてブレジネフはニクソン政権とのあいだで七三年六月に核戦争防止と平和共存に関する文書に調印した。デタントはこの核戦略の安定の他、穀物輸入、科学技術の導入をソ連にもたらした。ヘルシンキ条約で欧州の現状維持がはかられ、欧州との関係は改善された。また七四年八月に失脚したニクソンに変わったフォード大統領とブレジネフとは一一月に閉鎖都市ウラジオストックで首脳会議を開催した。日本との関係では、中ソ対立の文脈や資源外交ともからんで、特に七三年秋には田中角栄首相が訪ソした。

また第三世界との関係ではベトナム戦争や石油ショック後のなか、旧ポルトガル植民地などアフリカ諸国での社会主義の拡大を支持する考えも党内一部にあった。七〇年代なかばソ連は、キューバ兵を駆使して急進派と提携し、モザンビーク、ギニアビサウなどに進出した。特に七五年秋にソ連が支援したアンゴラでは、米中が支援する勢力と内戦が生じた。

大衆組織としての党

　このブレジネフ体制の安定は、石油ショックが世界経済に大きな影響を与えるなか、世界屈指の産油国としてエネルギー輸出が可能となったからであった。デタントが進み、石油、ガス輸出が新しいソ連の可能性を開いた。石油価格の急上昇によりソ連の世界経済での立場は良くなったかに見えた。なかでも西シベリアでの石油ガス開発は、アゼルバイジャンなど古くからの基地の資源枯渇もあって発展した。とくに西ドイツなどへのガス・パイプラインを通じたエネルギー輸出はデタントのもとで西側との相互依存の可能性を開いた。これをもとに得られた外貨収入は、核開発や先端技術、農産物の輸入に振り向けられた。なかでも一九七五年の凶作で本格化したカナダ、オーストラリアなどからの穀物輸入は国内生産量の三分の一にも及んだ。

　もっともこのことで「資本主義」経済にソ連も巻き込まれ、資源の輸出国へと転落していく危険性もあった。また技術的制約でカスピ海沿岸から西シベリアの寒冷地へと探索と開発の拠点は移ったが、ソ連の石油技術の低さと乱開発、効率の悪さとで、環境問題を起こした。

　実際ブレジネフ自身が一九七六年以降病気がちになると、体制は退行的側面を示した。経済成長率は急速に鈍化した。一九七〇―七五年は六・三パーセント、そして七六―八〇年は四・二パーセント、八一―八五年は事実上ゼロ成長であった。

　デタントそのものが改革という点では問題を残した。この間世界経済は大きく転換し、米国の地位の後退と欧州の台頭、日本をはじめとする高度科学技術の革新とが、国際秩序の変動をもたらし始めた。第三世界でもブラジル・韓国のような新興工業国（NIES）諸国、また石油輸出国機構（OPEC）をはじめ分極化と国際経済の一体化が進行した。しかしソ連・東欧では対応する変化はなかった。経済改革は棚上げにされ、七三年の生産合同のような指令型経済を行政的に再編成する試みが行われただけだった。

　ブレジネフは、シベリア、極北などの大規模開発を志向した。バム鉄道開発に

アンドレイ・A・グロムイコ　1909―89
ベラルーシ生まれのソ連外交官。1939年から米国大使館参事官・大使として主として対米交渉に従事、冷戦の闘士としてスターリンからゴルバチョフまでの書記長に仕え、国連ではしばしば拒否権を行使したことからミスター・ニェット（拒否）と呼ばれた。85年には政治局長老としてゴルバチョフ登用を推進したが、のちに悔いたという。ソ連期の回想録で古儀式派の出であると明かした。（写真提供・共同通信社）

は、学生、コムソモール員も動員された。一九七六年には第一副首相にブレジネフ系のチーホノフがつき、改革派首相コスイギンの比重は下がった。それでも指令型経済の合理化措置が行われた。七九年七月には経済の改善令が出され、またノボシビルスクなど地方で改革論を展開し

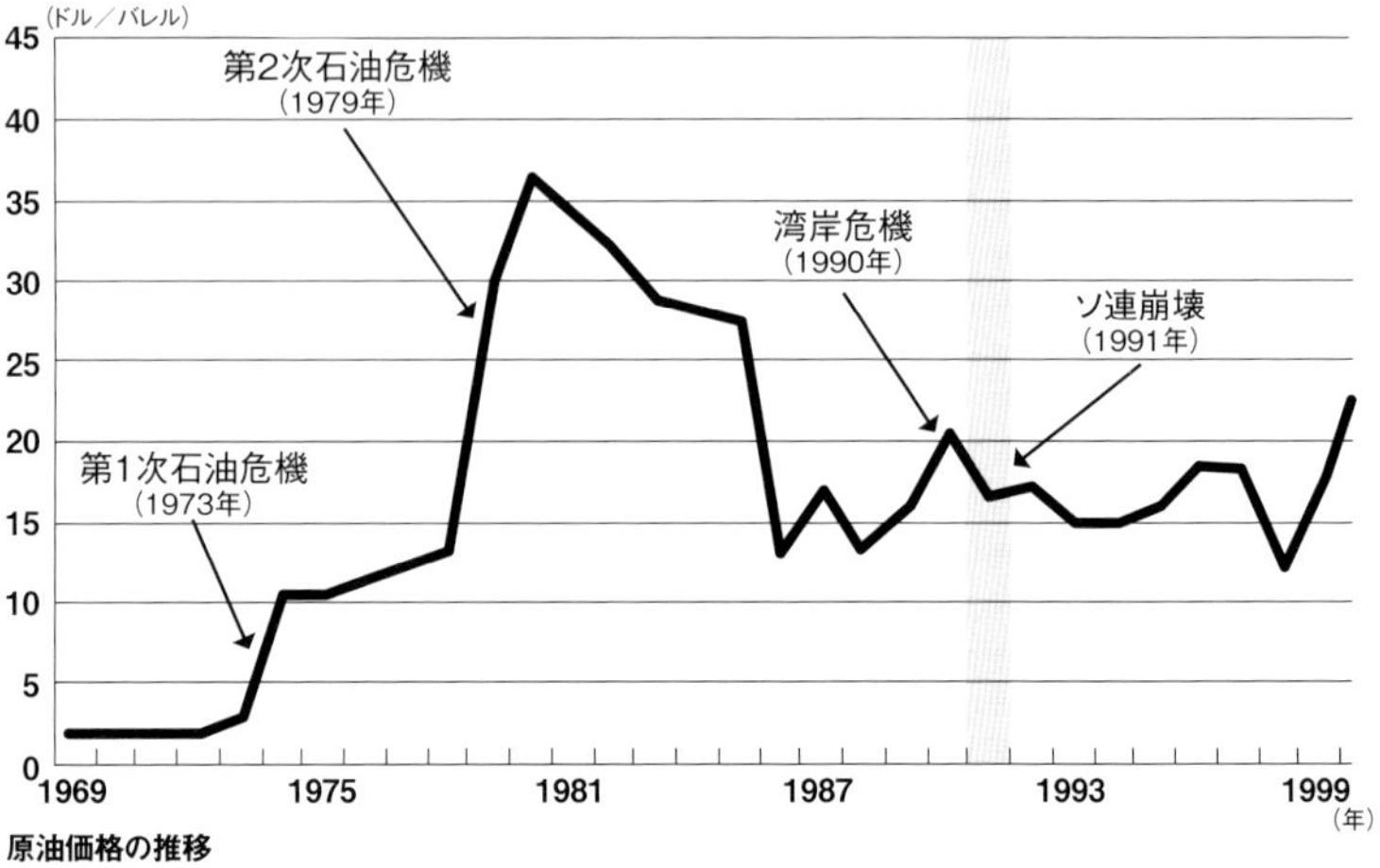

原油価格の推移

ソ連がＯＰＥＣ加盟ではないが産油国であったことは、膨大な石油販売利益をもたらしソ連の核軍拡を進める原資となる一方、改革を遅らせた。

始めた。しかしこれは結局、集権的指令経済の手直しに過ぎなかった。

　それでも長期政権が可能となったのは、民衆との暗黙の社会契約が成立したからでもある。デタントのもと、国家は官僚だけでなく民衆に安全と安定を保障、見返りとして保守中道的政権に暗黙の合意を与えた。民族・労働紛争も顕著とはいえなかった。一九七五年一月の米ソ貿易協定ではソ連に最恵国待遇は与えられなかった。それでも米国とのアポロ・ソユーズ宇宙船のドッキングが国民に示され、超大国の地位を誇示しようと試みた。

自由化の萌芽

　石油高騰もあって消費者を意識した政策もとられた。食糧や消費財は大都市、工業地帯、開発地方、基幹労働者を中心に提供された。住宅はフルシチョフのバラックと呼ばれた安価な五階建アパートから、ブレジネフ時代には大都市を中心に高層アパートが建設された。マイカー保持もようやく自由化され、自家用車ジグリやモスコビッチなどがイタリアやフランスとの技術協力でつくられ、あこがれの的となった。私生活化は、政治的権威主義の代償でもあった。またデタントのもと、海外からのロシア語放送に対する妨害はなくなった。ＢＢＣなどが聴ける短波ラジオの普及も進んだ。海外の音楽もビートルズからＡＢＢＡに至る人気グループは、ジーンズや長髪と同様に広まった。テレビも終日放映され、一部前衛劇場では当局や官僚制を風刺する演劇を見せた。ビソツキーやオクジャワの歌はカセットでコピー配布された。またペプシ・コーラも販売された。宗教は科学者なども含め人気となり、教会も復活し始め、復活祭などには訪れる人でにぎわった。これを警戒してリトアニアのカトリック教会などには統制が強かったが、布教の自由はなくとも信仰の自由は黙認された。

　官製の労働組合も社会保障や休暇といったサービスでは一定の機能があった。もっともこのような対外的なデタントの進展が、ソ連国内での民主化と結びつくものではなかった。デタントに伴い首都では人権運動も台頭したが、アンドロポフKGB議長らはこういった異論派活動家に対して選択的抑圧を行った。

　国内での締め付けが強化されると、知識人たちは作品を海外で出版する。イデ

オロギー的な締め付けのなか、当局は知識人を海外に追放する。一九七三年にはシニャフスキーや生物学者のZh・メドベージェフが国外追放された。七〇年にノーベル文学賞を得たソルジェニーツィンは、スターリン下の収容所を描いた『収容所群島』をパリで刊行したことで七四年に国外追放となった。精神科病院が異論派知識人を収容した。

　ブレジネフ時代の共産党は巨大な大衆組織となり、統治・管理機関ともなった。大会は五年に一度、また党中央委員会総会は春と経済政策・予算を決めるための年末と二度しか開かれなくなった。一九七六年には党員比は人口の約六・一パーセントと報告された。党はノメンクラトゥーラと呼ばれた幹部と大衆一般党員とに二極分解した。中央・地方での党機関こそは国家と経済とを管理する巨大な官僚機構であった。

　異論派運動は抑圧されたものの、ソ連のエリート間では一定の枠内で自由化は進んだ。宗教や民族主義に厳しかったフルシチョフへの反発から、ブレジネフ期に民族主義は知識人やコムソモール内でも一定の支持を得ていた。ワレンチン・ラスプーチンのような農村派作家たちは、シベリアなどの農村の荒廃、環境問題の深刻化を訴え、ロシア政府機関紙「ソビエツカヤ・ロシア」はこのような傾向を代弁した。他方、一九七五年の戦勝三〇周年もあって作家イワン・スタドニュークやアレクサンドル・プロハノフはソ連愛国主義を鼓吹した。七〇年代には歴史・哲学などは抑圧されたが、科学アカデミーのなかでは社会学者や政治学者などが内輪でだが知的自由を享受した。「文学新聞」などがこのような改革派の傾向を代弁した。共和国では各国の民族主義が党員の間でも支持を受けた。こうして党は次第にイデオロギー的組織ではなくなった。国際政治の争点でもマスコミ論調には相対的だが変化が見られた。ソ連政府系の「イズベスチヤ」紙は国際協調を支持したが、党の「プラウダ」は軍機関紙「赤い星」とともに総じて国際問題で保守的であった。だが警戒の目が届きにくい共和国の雑誌などには大胆なものも見られた。

　こうして一九七六年のソ連共産党第二五回大会までにブレジネフへの対抗者の影響は除去され、彼の支配体制は安定化した。デタントのもと米ソ首脳会談は制度化したが、これはデタント派の力を強めた。対外交渉の必要上党による支配、書記長の権限を国際的にも合法化する必要が生じてきた。もっともグロムイコら外務省は米ソ関係を重視するあまり日本や西ドイツなどの台頭といった新傾向を軽視した。この二元的な思考は、スースロフら党イデオロギー部門での資本主義と社会主義の二極対立といったドグマを

ウラジミール・ビソツキー
1938−80
ソ連期の前衛劇場タガンカの俳優、風刺や反戦などの吟遊詩をギターを鳴らしオクジャワ、ガーリッチらとともに人気を博した。その死はモスクワ・オリンピックよりも話題となった。

構成した。

停滞する社会

スターリン憲法にかわる新憲法草案をブレジネフは一九七七年五月に提示した。これを先取りしてブレジネフは、最高会議幹部会議長のポドゴルヌィを解任、自から党と国家との最高の職を兼務した。そして一〇月には、全人民国家としてのソ連邦を規定した憲法を、全国民討議を経て採択した。その第六条では党が、「社会を指導し方向づける力、政治体制、国家、社会組織の中核である」と指導的役割を規定した。党機関の独占的支配が憲法により合理化された。その陰で汚職、ネポチズム、官職売買など、党官僚支配の腐敗は極致に達した。

ブレジネフ時代には書記長、政治局、中央委員会の相互関係と合意ぬきに政治は進まなくなった。党中央委員会には国際局から重工業局など二五もの局があり、それぞれが省庁の監督にあたった。これは多元主義とまではいかないが一種の族支配といえた。また地位に固執するノメンクラトゥーラを重んじ高齢者支配となった。

当初は同輩者中の第一人者だったブレジネフだが、シェレーピンなどのライバルを時間をかけて追放、かわって自己の庇護者を要職に取り立てた。憲法改正をとりしきったチェルネンコが一九七八年に政治局員に、チーホノフも七九年には政治局員、八〇年に閣僚会議議長（首相）となる。他方では七八年にはジョージアのシェワルナッゼが中央委員候補に、またゴルバチョフも農業担当書記になった。もっとも八一年の第二六回党大会では、ソ連党史上初めて新人がまったく登用されなかった。政治は力を失い、病人の指導者をとりまいたのは補佐官、官僚の他、医者や祈禱者であったりした。クレムリンの医師によると、政治局はその後継者も病人であると知りながら人事を強行した。

また農業でも、集団農業重視は変わらなかった。一九七四年にはコルホーズ農民にも国内旅券が支給され、移動の自由が緩和された。だが改革の試みは挫折した。いまや国防予算を上まわる逆ざやの補助金によって農業は財政の重荷となった。生産は停滞、米国などからの大規模な穀物輸入が常態化する。こうしたなか農業担当のクラコフ書記は七八年に死去、改革派のゴルバチョフが後任となった。凶作もあったものの、集権的な指導は八五年まで変わらなかった。

改革派知識人は沈黙するか、異論派となるかの選択をしいられた。しかも体制内改革か、外部からの批判をとるかで少数派の知識人は分裂した。異論派は、デタントのもとで人権運動を組織、一九七

憲法採択　1977年にソ連はスターリン時代の憲法（36年採択）にかわる新憲法をつくり、共産党の「指導的役割」を6条で規定したが、党支配を憲法で正当化するという特異なものであった。

党幹部支配の安定
ブレジネフ体制末期には幹部の安定は頂点に達し、1980年に亡くなるコスイギン首相の後任となったのは75歳のチーホノフで、81年の第26回党大会では、新人事はいっさい行われず、政治局の平均年齢は69歳であった。

アンドレイ・サハロフ　1921－89
ソ連の物理学者で水爆開発の父（左）。1960年代から平和共存と自由化を掲げ、75年にはノーベル平和賞を受賞。80年代前半ゴーリキー（現ニジニ・ノブゴロド）市に流刑となったが、ゴルバチョフが86年末復帰を許すと、民主化運動家として活躍した。写真右は核物理学者のイーゴリ・クールチャトフ。

六年にはヘルシンキ条約履行監視グループが生まれた。指導者のサハロフ博士は七五年ノーベル平和賞を得た。またクレバノフ組合のような自主労組運動もあった。しかし七六年末に作家ブコフスキーが追放され、活動家の逮捕が続いた。当局は精神科病院入院やイスラエルなどへの海外追放処分で対応した。

知識人組織や科学アカデミーも党の厳格な統制のもとにあった。科学アカデミーのみがかろうじて党人事に抵抗しえた。しかし歴史学や社会科学は相変わらず保守的統制の犠牲であった。モスクワの異論的知識人は改革的な「ポーイスキ」、「パーミャチ」を半地下出版したが、当局はこれを抑圧した。

社会の停滞は一九八〇年代までに危機寸前となっていた。革命、飢饉そして戦争でもともといびつであった人口構成は出生率の低下、平均余命の低下などで悪化した。死亡率は増加、離婚率は戦後四〇年間で八倍強となった。また人口学的には、バルト地域、ロシアで出生率は停滞する一方、中央アジアで増大した。飲酒は大問題であって、アルコール生産は国家財政をまかなうためもあり急増した。死亡率も増加、男性の平均余命は八〇年には六二・二歳へと低下した。

　環境問題では、争点となったシベリアのバイカル湖の軍事関連工場による汚染問題が一九六〇年代からあった。水資源の乱用で河川が枯渇し、アラル海など中央アジアでの灌漑問題が深刻化した。そこでシベリアの河川を中央アジアへ転流するという途方もない計画が官僚たちによってつくられた。またカザフ共和国の核実験場はそれ自体が重大な環境問題であった。こうしてシベリアの作家ワレンチン・ラスプーチンなど農村派作家らが環境問題の深刻化を「文学新聞」などで訴えた。

　民族問題でも深刻な亀裂が浮上していた。なかでももっとも複雑な問題の一つはウクライナであった。ブレジネフ指導部の成員は多くがロシア系ウクライナ人か、ウクライナ系ロシア人だったが、民族派知識人は、一九六五年に抗議書簡をブレジネフに送ったジューバのようにウクライナ民族と言語の復権を求めた。当時の党書記シェレストは民族主義にも一定の理解を示した。彼にかわったシチェルビツキーはモスクワ寄りと見なされた。

　カザフ共和国ではブレジネフと個人的関係をもつクナーエフが共和国第一書記となったが、この地ではロシア人の人口の方が多かった。特定の氏族支配が、地元党の支配と重なって腐敗の原因ともなった。このためジョージアやウズベク共和国などで腐敗政権が、しばしばモスクワの有力者と関係を有していた。これらの地方では地下経済が大きな比重を占めた。

　デタントのもと米国の力もあって、ユダヤ人出国の枠が広がった。一九七五年のヘルシンキ合意文書で人権保障が盛り込まれたこともあり、人権運動は一定の広がりを見せた。第二次世界大戦時、故地を追われたクリミア・タタール人はクリミアへの復帰運動を起こした。カザフの詩人オルジャス・スレイメノフは著作『アズ・イ・ヤ』のなかで大ロシア主義を批判した。

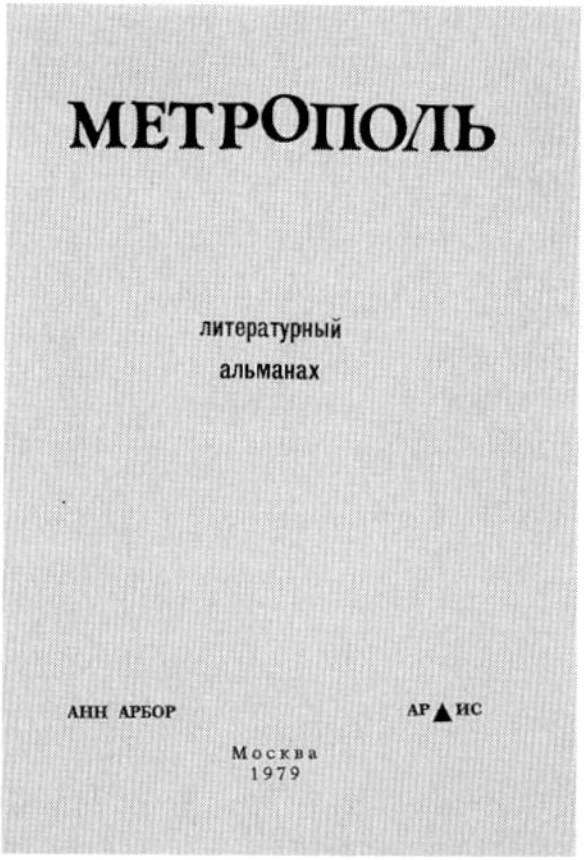

「サミズダート」
ブレジネフ時代に党内外で配布された自家出版物。公式出版できなかった詩から歴史書、小説などが知識人などのあいだで配布・回覧され、また海外で出版された。

民族問題の勃発

一九七〇年代後半には民族問題がさらに浮上した。とりわけジョージアは、七八年の改正憲法案にジョージア語が国語として憲法上規定されなかったことに抗議して四月にはトビリシ市での街頭示威行動に出た。このため、法案は撤回された。複雑なことに、このジョージア共和国内のアブハジア自治共和国ではジョージア化に抗議する少数派アブハジア人によるロシアへの帰属替えを求める運動が存在してきた。またカザフ共和国に追放されていたドイツ人は、ボルガ河沿岸での自治共和国復興を求めた。リトアニアなどでも、カトリック系の異論派運動が水面下で伸展し始めた。

　ブレジネフはソ連の南部に位置するアフガニスタンでの共和派のクーデター（一九七八年）とその後の混乱のなか、軍事介入を七九年一二月に進めた。この国は六〇年間も中立国であった。しかし病気のブレジネフは、学者や軍の慎重論も聞かずに二週間の限定作戦による介入を支持したが、これは誤算となった。介入の結果一万四〇〇〇名のソ連兵士の犠牲と一〇年の時間が空費された。フォードル・ボンダルチューク監督の『第九中隊』（二〇〇五年）はムジャヒディンのゲリラの前にソ連兵士が絶滅を遂げる映画である。

　ポーランドでも問題が生じた。一九八〇年八月には「レーニン造船所」で独立労組がカトリック系指導者L・ワレサのもとで生まれる。労働者が社会主義国家に反乱を起こすという権力の正当性に関わる紛争を前にイデオロギー的混乱は大きかった。ソ連はスースロフ書記を派遣し、介入を検討したが抑制は不可能であることがわかり、代わってヤルゼルスキ将軍が登場し、戒厳令を八一年一二月に敷いた。

　ブレジネフ書記長は一九八二年一一月一〇日死去、代わってやや改革派寄りの、前KGB議長のアンドロポフが書記長になった。この一月には保守派イデオローグであったスースロフが亡くなっていた。アンドロポフはゴルバチョフ、ルイシコフなど若手を登用、改革論議を進めたが、実現は保守的政治局員に阻止された。しかも病気のためわずか四〇〇日の支配の半分は病床から指示した。それでもアガンベギャンやザスラフスカヤらの学者が「ノボシビルスク覚書」で改革を主張した。地方の学術雑誌で改革論議が許され、社会学や世論調査なども次第に公認された。背景には連帯事件で明るみに出た市民の動向をキャッチする必要があった。

　また世界経済から無縁とされてきたソ連経

ワレンチン・ラスプーチン　1937—
シベリアの環境派小説家。作品に『マトチョーラのわかれ』など。急進改革派や彼らの進めたソ連崩壊には批判的だった。

スレイメノフ『アズ・イ・ヤ』
カザフの詩人オルジャス・スレイメノフが「イーゴリ軍記」という中世ロシアの詩に与えたチュルク遊牧民族の影響を論じた本（1975年刊）。アジアとロシアの相互関係を論じてユーラシア主義の立場を示した。

アフガニスタン介入
1979年12月、二週間の予定で終わるはずだった介入は、実際には10年間の歳月と1万4000人のソ連人兵士の犠牲（ベトナム戦争での米兵犠牲の4分の1）を伴って敗北、撤退した。

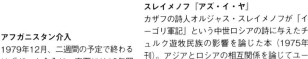

コンスタンチン・チェルネンコ　1911−85
シベリアの国境警備から、1948年、モルドワ共産党で働き、主としてブレジネフのもとで党の総務部長（65年）を務め、書記（76年）そして政治局員（78年）と台頭した党官僚。アンドロポフの死後、若手の台頭を防ぐ役回りだったが、米ソ関係を安定化させた。

ユーリ・アンドロポフ　1914−84
ソ連の政治家。ボルガ河で水運に従事し、1930年代末カレリヤ勤務をきっかけにフィンランド系クーシネン政治局員の引きで外交畑に移る。56年のハンガリー革命時には同大使、その後共産党中央委員会の東欧・中国担当として毛沢東を批判、改革寄りとみなされた。67年からＫＧＢ議長として政治犯を大量弾圧ではなく国外追放するなど、選択的な抑圧策を進め、82年には党書記から11月に書記長となる。しかし病気のため400日しか政権を担当しなかった。ゴルバチョフを重用した。

済の体質もデタント以降の石油価格の動向などが大きく国家財政や経済指標に反映するようになった。社会主義計画経済には無縁と宣伝されたインフレも強く感じられた。とくに一九七〇年代後半からの石油価格高騰が八〇年代なかばまでに終わり始めると、ソ連の経済の負の側面が急速に露呈し始めた。七五年からの一〇年間、ソ連は世界最大の軍事大国となったが、その原資はこの石油価格によった。

　アンドロポフは米国と核軍縮交渉を行おうとする。しかしその停滞の原因となったアフガニスタンからの撤兵はなされることなく一九八四年二月に病死する。代わったチェルネンコ書記長は、かつてブレジネフの副官でひたすら若手改革派の台頭を阻止する役回りだった。ゴルバチョフが書記局を主宰、病気がちのチェルネンコの不在時には政治局の司会役を務めた。この時期の最大の変化は、核戦略の近代化を主張したオガルコフ参謀総長を解任、対米重視に動き出したことである。背景にはチェルネンコやグロムイコら指導部も経済の悪化のなか、核兵器近代化にはコストがかかるとみたことにある。

第七章

ペレストロイカとソ連崩壊

1985-91

ゴルバチョフの登場

一九八五年三月一〇日チェルネンコが病気で亡くなると後継者を選ぶ翌日の党総会では、グロムイコら長老の推薦を得たミハイル・ゴルバチョフが党書記長に選出された。ゴルバチョフは三一年ロシア南部のスタブローポリでコサック農民の子として生まれた。集団化と飢饉の打撃を受け、一族にも犠牲者を出すなどスターリン体制の被害者でもあった。モスクワ大学法学部を卒業後は地元農村の党機関でフルシチョフ改革を体験した。夫人のライサが当時革新的な社会学者として農村調査で協力した。その後党中央で農業担当書記としてアンドロポフらの注目を浴び、改革的な若手党指導者として頭角を現した。広く党の組織任務も担当、アンドロポフ死去の時は後継説もあった。

ゴルバチョフが最高指導者となった一九八五年春、それまで対抗馬と評されたグリシン、ロマノフは政治局から姿を消し、かわってゴルバチョフとともに当初党と政府を担ったのは政治局員になった保守派のエゴール・リガチョフ書記、経済担当のニコライ・ルイシコフらであった。シベリア出身のリガチョフはイデオロギーや外交を担当、反アルコール・キャンペーンを行った。ルイシコフは二九年生まれ、ウラル工科大学出身の技術者で、八二年から新設の党経済部長を務めたが、九月には高齢のチーホノフの後任者として閣僚会議議長＝首相となる。治安機関のチェブリコフKGB議長も政治局員となった。ゴルバチョフはさらに世代交替を急ぎ、七月にはジョージア出のシェワルナッゼがグロムイコに代わって外相になった。またモスクワ市第一書記には、ウラルの建設畑のボリス・エリツィンが昇進した。こうしてスターリン時代に育ったテクノクラート、ブレジネフの世代から、三〇年代前半生まれのスタ

エゴール・リガチョフ
1920－
ソ連の政治家。ノボシビルスク党組織を経てアンドロポフ期に党組織担当書記、ゴルバチョフ期に第２書記としてペレストロイカではブレーキ役だった。写真は1990年７月11日、クレムリンの党大会会場で、副書記長候補に推薦され、所信表明演説をするリガチョフ。（写真提供・ロイター＝共同通信社）

ボリス・エリツィン　1931−2007
ウラル生まれのロシア政治家。祖父は古儀式派。共産党入党は遅かったが、1985年にモスクワ市第１書記として台頭するが、ペレストロイカの遅れを87年10月指摘して解任される。89年に人民代議員として返り咲くと共産党を離党。ロシアの主権を掲げて91年６月にロシア初の民選大統領となり、特に８月クーデターを失敗に終わらせる。その後、12月にベロベーシでウクライナ、ベラルーシ指導部とＣＩＳ形成を進め、ソ連崩壊の原因となった。92年からはロシア政治を主導した。99年末にプーチンを後継指名した。（写真提供・共同通信社）

エドゥアルド・シェワルナッゼ　1928−
ジョージアの政治家。ジョージア共産党から1985年ソ連外相としてゴルバチョフとともに冷戦を終わらせた。90年末にはクーデターの危険を警告、一時外相を辞したが８月クーデター後は復帰。ソ連崩壊後はジョージアの大統領となった（任期1995−2003）。（写真提供・共同通信社）

ニコライ・ルイシコフ　1929−
1990年５月24日、モスクワのクレムリンで開かれたソ連最高会議で演説するルイシコフ首相。（写真提供・ロイター＝共同通信社）

ーリン以後の世代へと、指導部は一挙に若返った。

ペレストロイカの始動

ゴルバチョフは立直しを意味するペレストロイカを次第に掲げる。これを支えるチームもつくられた。イデオロギー面ではペレストロイカの設計者となるアレクサンドル・ヤコブレフが、カナダ大使からシンクタンクの所長、党宣伝部長をへて一九八六年三月には党書記となり、急進改革派の支柱だった。「プラウダ」編集長もやがて革新的哲学者フロロフに代わる。党イデオローグを兼ねた国際部長には、長く駐米大使だった職業外交官のドブルイニンがなった。ゴルバチョフとはモスクワ大学同窓の法律家ルキヤノフは法律・軍・治安機関などの人事に強かった。

ゴルバチョフは党書記として一九八四年末のイデオロギー会議を主宰、ここで核時代の新思考と並んで、社会主義の矛盾といった革新的概念を支持、その後訪問した英国でサッチャー首相の称賛を浴びていた。この頃からペレストロイカという表現が使われたが、それは科学技術振興策を意味し、機械工業に投資する「加速化」の方針が六月に提示されたものの、改革案とはほど遠かった。人事交替と並んで、官庁統合も課題となった。改革派が主張した経済統合官庁創設の提案は取り入れられなかったが、八五年には機械、燃料・エネルギーなどのビューローがつくられ、経済官庁を統合することとなった。

ペレストロイカをめぐって一九八六年の第二七回党大会では、ブレーンの準備した政治報告と保守的な党機関が作成した党綱領との間には顕著な差異が表面化した。前者ではタブーだった経済改革が、「根本的改革」といった表現で登場、また家族請負・個人請負といった農業改革も提示された。具体的政策においては、規律強化が第一の方針として掲げられ、職場規律強化、節酒、不労所得の禁止などが主張された。なかでも反アルコール・キャンペーンは女性には好評であった。しかし行政的に進められたため、税収は減少した。

アレクサンドル・ヤコブレフ
1923－2005
ソ連の政治家でペレストロイカの設計者。1944年入党、フルシチョフ改革期に米国留学、73年に党宣伝部から追われ、カナダ大使を務めたが83年に科学アカデミーの世界経済国際関係研究所長、85年党宣伝部長、86年書記、翌年政治局員としてゴルバチョフ改革を知的に補佐。91年にエリツィン寄りの姿勢がたたって解任、民主改革運動などで両者の仲介をはかる。特に歴史に見直しを進め「民主基金」の総裁として大部の史料集を出した。(写真提供・共同通信社)

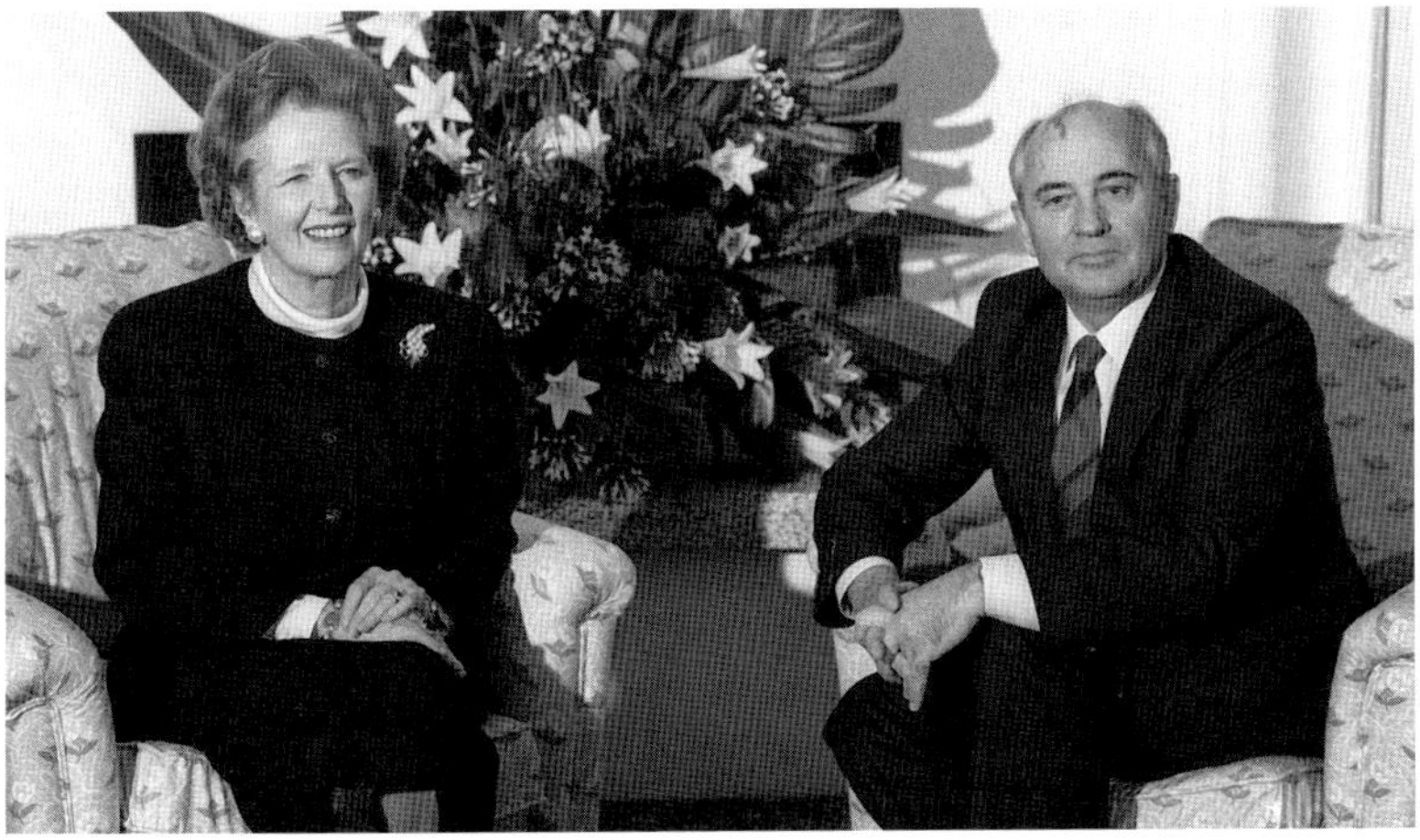

サッチャーとゴルバチョフ
英国のサッチャー首相と会談するゴルバチョフ。1987年12月7日撮影。(写真提供・RIA Novosti／PANA)

チェルノブイリ原発事故
1986年5月9日、4月末の原発事故から約2週間後のチェルノブイリ原子力発電所。矢印は事故が発生した4号炉。（写真提供・AFP＝時事通信社）

大会直後の一九八六年四月二六日ウクライナのチェルノブイリ原子力発電所で核事故が生じた。秘密主義的な体制のあり方は、国際的に広がった被害ともども、ソ連の当面した危機の深さを明るみに出した。情報の公開と危機管理が深刻となった。ゴルバチョフは、グラスノスチ（情報公開）を進め、テレビなどマスコミを改革の武器とした。またチェルノブイリ事故を反核キャンペーンにも利用した。

高まる改革の波

改革政策の急進化に拍車をかけたゴル

テレモスト
ペレストロイカ期に米ソの市民対話などがテレビを通じて行われた。米国の市民からソ連市民のセックスはどうかという率直な問いに、ソ連側市民が「我々にはセックスはない」と答えたのは有名な話。

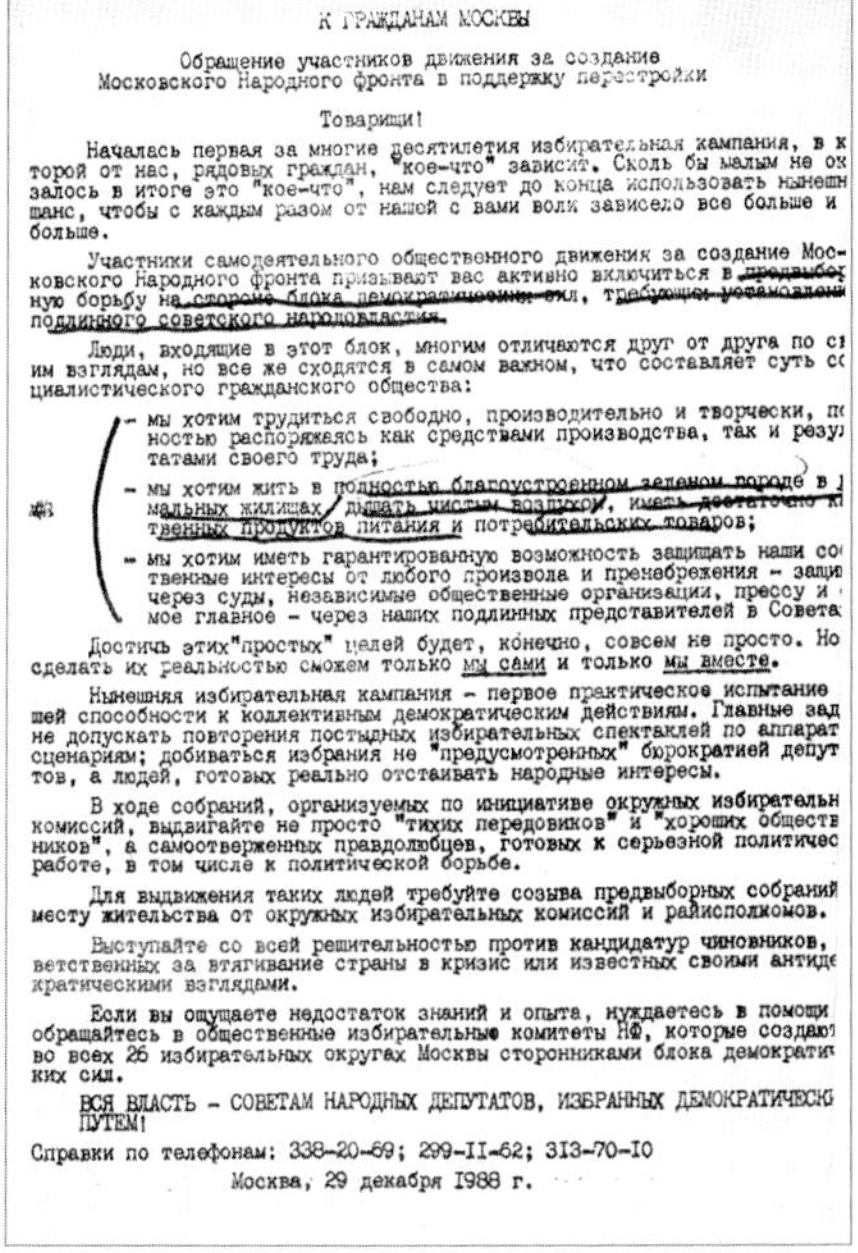

К ГРАЖДАНАМ МОСКВЫ

Обращение участников движения за создание
Московского Народного фронта в поддержку перестройки

Товарищи!

Началась первая за многие десятилетия избирательная кампания, в к
торой от нас, рядовых граждан, "кое-что" зависит. Сколь бы малым не ок
залось в итоге это "кое-что", нам следует до конца использовать нынешн
шанс, чтобы с каждым разом от нашей с вами воли зависело все больше и
больше.

Участники самодеятельного общественного движения за создание Мос-
ковского Народного фронта призывают вас активно включиться в предвыбо
ную борьбу на стороне блока демократических сил, требующих установлени
подлинного советского народовластия.

Люди, входящие в этот блок, многим отличаются друг от друга по с
им взглядам, но все же сходятся в самом важном, что составляет суть с
циалистического гражданского общества:

- мы хотим трудиться свободно, производительно и творчески, п
ностью распоряжаясь как средствами производства, так и резу
татами своего труда;
- мы хотим жить в полностью благоустроенном зеленом городе в
мальных жилищах, дышать чистым воздухом, иметь достаточно к
твенных продуктов питания и потребительских товаров;
- мы хотим иметь гарантированную возможность защищать наши со
твенные интересы от любого произвола и пренебрежения - защи
через суды, независимые общественные организации, прессу и
мое главное - через наших подлинных представителей в Совета

Достичь этих "простых" целей будет, конечно, совсем не просто. Но
сделать их реальностью сможем только мы сами и только мы вместе.

Нынешняя избирательная кампания - первое практическое испытание
шей способности к коллективным демократическим действиям. Главные зад
не допускать повторения постыдных избирательных спектаклей по аппарат
сценариям; добиваться избрания не "предусмотренных" бюрократией депут
тов, а людей, готовых реально отстаивать народные интересы.

В ходе собраний, организуемых по инициативе окружных избирательн
комиссий, выдвигайте не просто "тихих передовиков" и "хороших обществ
ников", а самоотверженных правдолюбцев, готовых к серьезной политичес
работе, в том числе к политической борьбе.

Для выдвижения таких людей требуйте созыва предвыборных собраний
месту жительства от окружных избирательных комиссий и райисполкомов.

Выступайте со всей решительностью против кандидатур чиновников,
ветственных за втягивание страны в кризис или известных своими антиде
кратическими взглядами.

Если вы ощущаете недостаток знаний и опыта, нуждаетесь в помощи
обращайтесь в общественные избирательные комитеты НФ, которые создаю
во всех 26 избирательных округах Москвы сторонниками блока демократи
ких сил.

ВСЯ ВЛАСТЬ - СОВЕТАМ НАРОДНЫХ ДЕПУТАТОВ, ИЗБРАННЫХ ДЕМОКРАТИЧЕСК
ПУТЕМ!

Справки по телефонам: 338-20-69; 299-II-62; 3I3-70-I0

Москва, 29 декабря 1988 г.

民主化のビラ
ゴルバチョフ政治改革により、市民社会の団体が組織をつくり、ビラをまき始めた。下からのペレストロイカに転化しだした。

バチョフは、一九八六年七月には「ペレストロイカは第二の革命」であると宣言し、単に経済だけでなく、社会生活全体の転換を意味すると指摘した。しかしこのような改革は、保守的なイデオロギーを前提としては不可能である。知識人たちの大胆な解放が必要であった。グラスノスチ、マスコミの自由化がヤコブレフらにより取り上げられた。また環境を破壊すると評判の悪かったシベリア河川の中央アジアへの転流計画が中止になるなど、改革派権力と知識人との共闘が生まれた。一二月には閉鎖都市ゴーリキー(現ニジニ・ノブゴロド)に流刑されていたサハロフ博士が復帰を許された。なかでも情報公開を意味するグラスノスチがペレストロイカへの跳躍板となった。社会の否定面を率直に報道することが奨励された。「アガニョーク」、「モスクワ・ニユーズ」、「論議と事実」といったメディアが「厚い雑誌」とよばれた「ズナーミャ」、「ノーヴィ・ミール」といった文芸誌も含め方針を一新した。もっともイデオロギー担当は、保守的なリガチョフ書記であり、「プラウダ」「ソビエツカヤ・ロシア」紙などは改革に消極的であった。

一九八七年一月になると党中央委員会総会で、ゴルバチョフはソ連社会の危機的状況をあたかも反体制文書のように描き出した。ブレーンのヤコブレフが改革の主導権を握り始めた。彼は八五年末に複数政党を導入する意見書を出していたが、まもなく政治局員となった。政治学者のシャフナザロフ、経済学者のペトラコフなどのブレーンが補佐官として役割を果たすようになった。こうしてかつては禁じられた作品が公開され、『懺悔』のような反スターリン映画が上映された。またG・オーウェルの『一九八四年』のような全体主義批判の小説が翻訳されたり、国外でのみ出版されたソルジェニーツィンの『収容所群島』のような小説も国内で公表された。非公式集団のように、自立的な市民運動が登場し、改革派と市民派、急進派との結節点となった。こうしてモスクワでは「ペレストロイカ・クラブ」、「社会的イニシャチブ・クラブ」などが現れた。これらから人民戦線やミニ政党、そして共和国でも民族派が台頭していく。なかには右派愛国集団「パーミャチ」のように、自由化を利用して保守派が排外主義的な民族主義集団をつくることもあった。

なかでもゴルバチョフが一九八七年一月「歴史の空白をうめよ」という発言を行って以降、統制下にあった歴史の再評価、見直しの問題が出た。歴史家、批評

ソ連の行列
ペレストロイカにもかかわらず，1986年からの原油価格低下、反アルコール・キャンペーンなどで国家財政は破綻、また市民生活も悪化の一方であった。

家、作家、さらに市民までも巻き込んでの論争となった。論議は八七年一一月の革命七〇周年でピークを迎える。しかしゴルバチョフは保守派の圧力もあって、トロツキーやブハーリンなどのスターリンへの反対派を復権することまで行えなかった。

　経済でも一九八七年一月には外国企業との合弁企業が、また二月には消費財、レストランなどでの協同組合経営が認められた。サービス業などでの個人営業も公認された。しかし肝心の経済改革では政府は保守的で、改革派指導部の考えとの隔たりが広がることになった。八七年六月党中央委員会総会では、国営企業法が採択され、企業に自主性を与えるハンガリー型の改革案を承認した。

　しかしこの間外貨収入源だった石油価格は一九八五年末を境にバレル四〇ドルから二〇ドル以下へと半減、財政事情は急速に悪化した。企業の自主性付与に伴って財源が逼迫し、このため通貨増刷に頼った。こうしてインフレとモノ不足という悪循環が基本問題となった。市内では行列が常態化した。保守派は抵抗し、ルイシコフの閣僚会議への指導も鈍りがちであった。経済改革最大の問題である価格形成をめぐっても抵抗があった。

外交政策の転換

　ペレストロイカは急進化したが、何よりも旧来の国際関係での政策の大胆な転換が必要であった。安全保障は軍事力増強によるのではなく、政治主導で行うという転換がなされた。とりわけレーガン政権が進めたスターウォーズ構想などで対米関係が緊張したが、核戦略にこだわったオガルコフ参謀総長が一九八四年に解任されたこととは、対米戦略兵器削減交渉に着手したこととともに転換を意味した。ゴルバチョフは、さっそく学者のプリマコフやシャフナザロフといった国際問題での「新思考」派の理念を取り入れた。グローバル問題を重視した彼ら知識人の思考は七〇年代から一部で知られていたが、保守派党指導部が無視していたのだった。

　最初の論争はいわばソ連帝国の外延というべき東欧の位置をめぐる議論であった。ここで東欧の改革を評価し彼らとの対等な関係を主張するボゴモーロフら学者の考えが、「コムニスト」編集長コソラポフなど東欧軽視派に対し勝利を収めた。ソフィアでの一九八五年秋のワルシャワ条約機構会議でゴルバチョフは転換を東欧首脳に要請した。また対米対等にこだわる長老グロムイコのかわりに政治家のシェワルナッゼが外相として任命され、軍縮への取り組みが加速した。ゴルバチョフは八五年末のミンスク会議で軍縮を課題とし、核全廃をめざし一方的核実験中止を訴えた。ジュネーブでの米ソ首脳会議でもレーガン大統領との会見で核実験停止を延長した。

　ゴルバチョフは一九八六年五月に外務

米ソ首脳会談
スイス・ジュネーブにて会談するゴルバチョフとレーガン米大統領。1985年11月。(写真提供・TASS＝時事通信社)

アフガン撤兵
1988年５月15日、ジャララバードからカブールに到着し、群衆に笑顔で手を振るソ連軍戦車の兵士。ソ連軍は同日、アフガニスタンに駐留する11万5000人の兵の撤退を開始した。(写真提供・ロイター＝共同通信社)

省で新思考に関する演説を行い、軍事・イデオロギーに偏したソ連外交からの転換、経済外交の推進をはかろうとした。核抑止の危険性をうたい、また欧州や日本の政治的経済的台頭に注目した。実際八月には極東で中国、日本などアジア・太平洋地域を重視する外交方針を打ち出し、アフガニスタンからの撤退などを表明した。東欧政策も転換し、改革を促し始めた。欧州軍縮が協調された。八六年一〇月のレイキャビックでの米ソ首脳会談では、戦略核の五割削減と中距離核の全廃が原則合意された。両首脳は核戦争に勝利者はないと確認しあった。もっとも対米関係改善は不十分だった。その後八七年五月末セスナ機が赤の広場に不時着した事故を契機にソコロフ国防相は辞任し、この年末ゴルバチョフは中距離核全廃の提案をもって訪米、INF全廃条約に調印、そして八八年二月にはアフガニスタンからの撤兵が発表され、五月から撤兵した。

保守派との戦い

しかし国内での政治改革は、保守派の根強い抵抗にあった。一九八七年一〇月の党中央委員会総会では、改革を主張したモスクワ市のエリツィン書記がペレストロイカの遅れを公然と批判し解任される。党中央も批判とは無縁ではなくなった。保守派による反撃は、八八年三月のゴルバチョフ外遊中に出た「ソビエツカヤ・ロシア」紙のニーナ・アンドレーエバによるスターリン主義擁護の論文であった。もっともこの闘争は改革派の勝利になり、グラスノスチは限界なしの展開となる。スターリン粛清に関する見直し委員会が八七年九月につくられ、この委員会は九〇年はじめには八〇万七〇〇〇人の復権をはかった。詩人のエフトシェンコや物理学者サハロフ、歴史家ユーリー・アファナシェフを中心に、粛清された家族などの委員会「メモリアル」がつくられた。ロイ・メドベージェフ、ブハーリン、ソルジェニーツィン、トロツキーの反スターリン的著作も出された。外国人の歴史書では英国のソ連史家E・H・カーらの著作も出版された。八八年はキエフ・ルーシへのキリスト教布教一〇〇〇年祭をむかえた正教との関係もあって、布教が自由化され、聖書やコーランも革命後はじめて印刷された。政治改革にとって転換となったのが八八年六月の第一九回党協議会であった。ここでは党の国家との区別を進め、党の民主化、議会の改革、法治国家建設とが課題となった。従来の最高会議のかわりに二二五〇名からなる人民代議員大会と、最高会議という二段階のソビエト議会をつくることが決定された。ゴルバチョフは新選挙を八九年に行うこと、そして選挙でソビエト議長に選ばれなかった党官僚は解職されると決めた。

決定的であったのは九月の党総会で党官僚組織が大幅改組され、保守派のグロムイコなどの引退、リガチョフら保守派が降格となったことである。ゴルバチョフは党官僚制の基盤、書記局を廃止した。これは実は党支配の終わりを意味していた。国家の指導機関であった機構が改組され、ソ連国家の神経系が溶解し始めた。バルト三国では人民戦線という組織ができ、共和国の主権を主張し始めた。こうして一九八九年三月の人民代議員大会選挙では共産党は敗北、反対派が勢いを得た。エリツィンは党批判で名誉を回復した。五月にはその第一回人民代議員大会が開催され、テレビ中継された。この議会ではトビリシ事件など民族紛争、またバルトに関する三九年の独ソ不可侵条約が論じられた。とりわけエリツィン、サハロフなど急進的議員は、七月に事実上最初の議会反対派である「地域間代議員集団」を形成した。

一九八九年東欧革命

しかし変化する政治情勢は一九八九年一一月のベルリンの壁撤去をはじめとする東欧市民革命によっていっそう急進的なものとなった。八九年夏には炭鉱労働者たちが各地でストを構えた。ペレストロイカは「下からの革命」へという性格を示した。中央権力の衰えは否めなかった。サハロフなど急進的議員集団は、党の権力独占廃止を求めた。また経済の悪化のなか、保守的な政府の経済改革案を批判した。この間、改革派の良心とでもいうべきサハロフ博士は八九年末に死去、エリツィンの政治的役割が高まった。バルト諸国では人民戦線はソ連邦離脱を主張出し、八九年夏には三国を結んでの「人の鎖」デモを行った。「上からの革命」として始まったペレストロイカは、こうしてソ連共産党の存在自体をめぐる対抗となった。八九年の東欧革命は党の統合力を失わせた。ゴルバチョフは社会民主主義を評価する論文を書いた。しかし八九年一二月の党中央委員会総会で彼は党支配を崩壊させたと非難された。

バルト人民戦線
ペレストロイカが政治的自由化に広がったとき、ペレストロイカを支持する市民の運動としてできた組織。1989年にはバルト三国の市民が手をつないだことで独立運動に発展した。

他方では民族紛争が深刻化した。一九八六年一二月カザフ共和国の若者がクナーエフ第一書記の失脚後ロシア人の任命に反対する暴動を起こした。八八年はじめにはアルメニア人の飛び地であるアゼルバイジャン共和国のナゴルノ・カラバフをめぐる対立に飛び火し、カラバフ委員会は紛争を起こした。このような民族紛争は、やがてジョージアにおけるアブハジア、八九年のウズベキスタンでのフェルガナ紛争へと拡大した。とりわけ四月、トビリシでの平和な民族主義運動に対し発砲事件が起き、多くの死傷者が出た。モルドワでもルーマニアとの関連、またスターリン時代の併合や、ロシア人、ガガウス人といった少数派問題が生じた。八九年秋には党指導部は民族問題に関する中央委員会総会を開催した。

一九八八年三月ゴルバチョフは、新ベオグラード宣言で東欧での体制選択の自由を認めた。ポーランドとの間では、第二次大戦時国軍将校を大量殺害したカチンの森事件の解明が懸案となり、七月に同国を訪問したゴルバチョフは究明を約束した。年末にはポーランドで円卓会議の模索が始まり、八九年七月に行われた選挙では連帯派が圧勝、九月には非党系のマゾベツキー政権ができた。ハンガリーでは、ニエルシュなどが社会党を八九年につくる。チェコスロバキアでも、憲章七七運動の指導者である劇作家のハベルら市民フォーラムが台頭する。ハンガリーの国境が緩和され市民は西側に行くことが可能となった。

保守的な東ドイツでも一九八九年一〇月のゴルバチョフ訪問後市民運動は、当局の思惑を超えて広がった。こうしたなかで一一月九日、ベルリンの壁が当局の枠を超えて民衆の手で突如解放された。これが東欧全体を揺るがす政治変動の頂点となった。ブルガリアでは書記長ジフコフが辞任した。チェコスロバキアでは異論派劇作家だったハベル大統領が年末に誕生する急展開となった。もっとも保守的なルーマニアでは八九年一二月末、大統領をはじめチャウシェスクとその家族は、革命のなかで落命した。この過程でゴルバチョフが一二月はじめ、ソ連首脳としてはじめてバチカンを訪問し、カトリック教会との関係が再開した。その後八九年一二月のマルタ島で、ブッシュ大統領との冷戦の終焉を約束した。こうして四〇年代末からの東欧の分割を軸とする米ソの冷戦は幕を閉じた。

ベルリンの壁崩壊
1989年11月10日夜、ベルリンの壁崩壊翌日、ベルリン中心部のブランデンブルク門周辺に集まって喜び合う、東西ベルリンの市民たち。11月９日夜、東ドイツ政府は記者会見で西ドイツへの出国の自由を認めるという手違いの発表を行い、これが大きく報道されたのをきっかけに一気に東ドイツ市民が西ベルリンに繰り出した。（写真提供・dpa／PANA）

チャウシェスク政権崩壊
1989年12月25日、逮捕後のチャウシェスク・ルーマニア大統領とエレナ夫人。ルーマニア国営テレビより。（写真提供・AFP＝時事通信社）

　東欧での革命のさなか、一月からはソ連軍の撤兵交渉が本格化した。また、ゴルバチョフは結局一九九〇年はじめには東独のモドロウ首相に対しドイツ統一を承認した。西ドイツのコール首相がこれを押し進めた。一〇月にはこの式典が行われた。

　アジア外交も、一九八八年までには新たな次元を持った。アフガニスタンからの八九年はじめの撤兵完了は歓迎された。五月のゴルバチョフの中国訪問は、民主化運動の引き金となり、六月の天安門事件での弾圧事件へと至った。ゴルバチョフ外交は、ますます流動化していく国際関係のなかで、状況を切り開くというよりも、自らの新思考外交が開いた状況に、追従していく傾向が見られた。

　一九八九年の東欧革命を受けて、九〇年以降のソ連政治は急転換をしいられた。

ローマ法王とゴルバチョフ
1989年12月1日、バチカンでローマ法王ヨハネ・パウロ2世と握手するゴルバチョフ。(写真提供・時事通信社)

ヘルムート・コール 1930ー
1990年3月19日、東ドイツ・ライプチヒの選挙応援集会で、市民に囲まれた西ドイツ首相のコール。(写真提供・ロイター=共同通信社)

ゴルバチョフの中国訪問
1989年5月16日、人民大会堂にて鄧小平中央軍事委員会主席と笑顔で手をつなぐ、ゴルバチョフとライサ夫人。その後天安門で民主化運動が起きる。（写真提供・共同通信社）

ペレストロイカは、下からの革命というべき挑戦を受けた。民族主義を主張する共和国は、バルト諸国にとどまらなかった。共和国の台頭により連邦制の危機が生じた。体制の根幹そのものを変革するポスト・ペレストロイカの課題が生じた。他方ではこれに対する保守派の反撃と揺り戻しも深刻化し、混乱の増大に対抗して、規律強化を求める潮流も台頭した。こうしたなか、ゴルバチョフは、党の指導的役割を放棄するという大胆な賭けに出た。九〇年二月の党中央委員会総会で憲法第六条の廃止を決定した。これは民主派が要求してきたものであって、ソ連形成以来の大原則である党と国家の関係はこうして分離された。さっそく三月の人民代議員大会は大統領制導入を決議、そしてゴルバチョフを初代にして結果的には最後のソ連邦大統領に選出した。もっとも人民代議員大会での選出というやり方はゴルバチョフ人気にもかげりが見え、大統領の権威の低下を示した。諮問機関として大統領会議が創設され、中心はヤコブレフなど旧政治局の改革派であったが実際の権力は空転し始めた。

民族自立の動き

一九九〇年、共和国と地方の選挙が行われた。選挙では党の組織的関与がなくなり、自由選挙となった。地域間代議員集団など急進改革派は、「民主ロシア」を創設、党の特権廃止、市場経済、主権宣言を主張し、三月選挙で大勝した。モスクワでは経済学者のガブリール・ポポフ、レニングラード大学の法律家のアナトリー・ソプチャークなど急進改革派が勝利した。ロシア人民代議員大会は五月に開会され、エリツィンが最高会議議長に選出された。エリツィンはウラル出身であった。

東欧革命の余波は、なによりバルト三国での民族運動の高まりとなった。一九四〇年に祖国が奪われ強制的に併合されたという意識が強いこれら三国では、主権から独立へと主張が高まり、リトアニアでは九〇年三月独立が宣言された。これに続いてエストニア、五月にはラトビアで独立宣言が出された。このなかでエリツィンもロシアで九〇年六月に主権を宣言した。「主権のパレード」にソ連邦最大の共和国が加わったことによって、連邦再編成は不可避となった。

民族問題はこうして複雑な影響を与えた。四月にはさらに共和国の下の自治共和国の地位を高める法令が採択された。八月には、ロシア連邦内のカレリヤ、ヤクート、タタールなどの自治共和国でも主権宣言が行われ、民族関係はさらに深刻となった。また民族派が権力を握ったジョージア、モルドワ共和国でも少数民族派が自立しだした。

同時に共和国の台頭は、混迷気味の経済論争にも新しい次元をひらいた。一九八九年の経済改革論争のなかで、ロシアの急進的市場改革派、特にグリゴリー・ヤブリンスキーは五〇〇日で市場経済に移行する大胆な計画案「市場への移行」を提示、この案はゴルバチョフ・ブレーンと、急進的なロシア政府との結節点となった。七月末ソ連・ロシアの提携による市場改革案作成にふみきった。だが協力は困難で保守派がボイコットする。

連邦制への動き

一九九〇年二月の党総会でゴルバチョフは党の指導的役割の放棄をした。だが保守派は独自のロシア党創設に傾斜した。他方、改革派は議会主義をめざす政党への脱皮を主張する。ポポフは旧来の社会主義論全体に批判的な「何をなすべきか」という文章で、脱連邦、脱ソビエト、そして脱社会主義の綱領的方針を書いた。けれどもゴルバチョフは妥協をしいられ、このため七月の第二八回党大会では改革派の離党が生じた。他方では保守派が反撃に出始めた。このことはエリツィンとゴルバチョフとの和解の可能性を失わせた。深刻なのは連邦と主権との関係をめ

За нашу и вашу свободу!
БЕЛОРУССКАЯ ТРИБУНА
июль 1989 г. № 7(11)
ИНФОРМАЦИОННЫЙ БЮЛЛЕТЕНЬ БЕЛОРУССКОГО НЕЗАВИСИМОГО ИНФОРМ-ЦЕНТРА
Газета основана 23 октября 1926 года в г. Чикаго (США). Выходит на Белой Руси с 04.12.1988 г.
ВИЛЬНЯ 24–25 июня 1989 года
1й (Учредительный) съезд БНФ "Адраджэньне"
К ГРАЖДАНАМ БЕЛОРУССИИ!
обращение 1 съезда БНФ
З.Позняк
ПРОГРАММНЫЙ ДОКЛАД
В ЭТОМ НОМЕРЕ
вы сможете прочесть:

ベラルーシ人民戦線パンフレット
ベラルーシでの民主化運動。しかしこの地はチェルノブイリの被害が大きく、また大戦期のパルチザン運動の影響もあって、あまり民主化運動は広がらなかった。

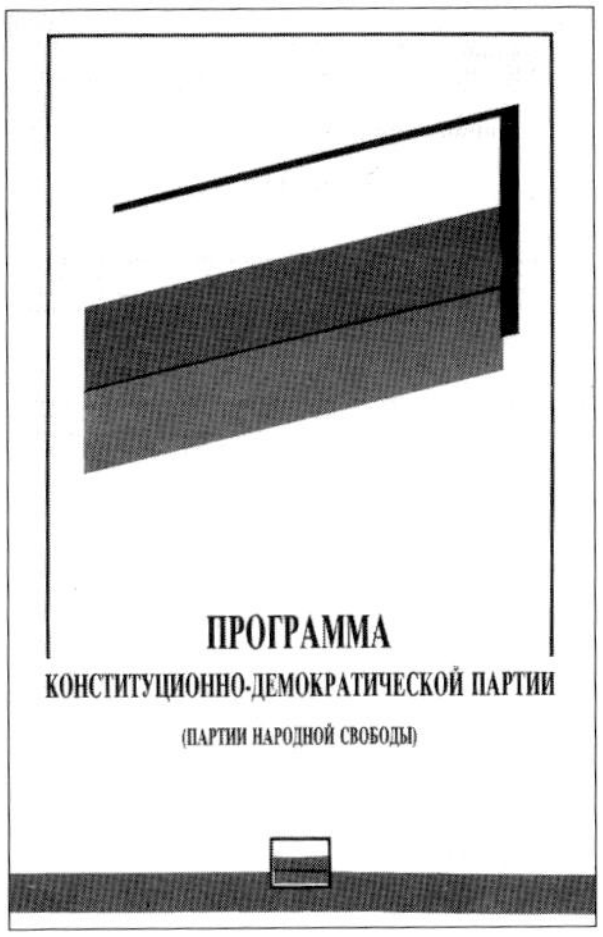
ПРОГРАММА
КОНСТИТУЦИОННО-ДЕМОКРАТИЧЕСКОЙ ПАРТИИ
(ПАРТИИ НАРОДНОЙ СВОБОДЫ)

立憲民主党綱領（カデット党）
ゴルバチョフの政治改革で複数政党制が許容されたが、多くは個人的な野心がもたらした政党でしかなかった。なかには1905年革命の政党の復活の形をとったものもある。

ВСЕМ НАРОДАМ — РАВНЫЕ ПРАВА!
ЕДИНЕНИЕ
2
ВЕРХОВНЫЙ СОВЕТ СССР
СОВЕТ МИНИСТРОВ ГССР
АБХАЗСКИЙ ОБКОМ ПАРТИИ
ГАЗЕТА НАРОДНОГО ФОРУМА АБХАЗИИ
III СЕССИЯ АССАМБЛЕИ ГОРСКИХ НАРОДОВ КАВКАЗА
КОНФЕРЕНЦИЯ МЕЖРЕГИОНАЛЬНОЙ АССОЦИАЦИИ ДЕМОКРАТИЧЕСКИХ ОРГАНИЗАЦИЙ
ОБРАЩЕНИЕ III СЕССИИ АССАМБЛЕИ ГНК
ИЗ РЕЗОЛЮЦИИ КОНФЕРЕНЦИИ
ПЕРВЫЙ (УЧРЕДИТЕЛЬНЫЙ) СЪЕЗД АБАЗИНСКОГО НАРОДА

アブハジア人民戦線パンフレット
連邦制度改革のなか、共和国の自立志向と並んでそのもとにあった自治共和国でも上位の共和国への反発があった。ロシア共和国でのチェチェンと並んで、ジョージア共和国のアブハジアでは、反ジョージア運動が、親ロシア的な編入要求となっていった。

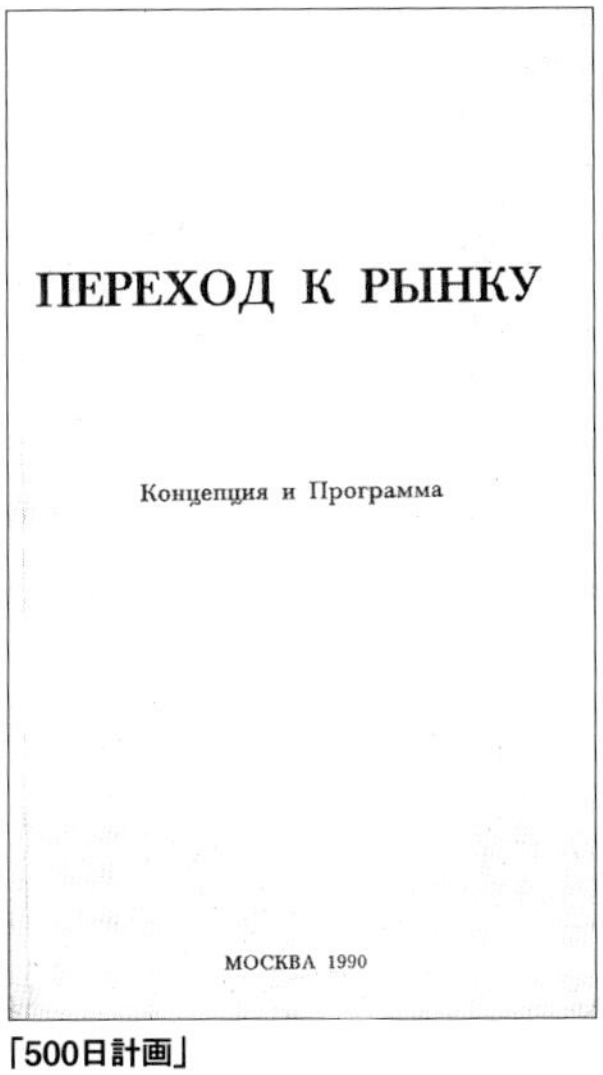
ПЕРЕХОД К РЫНКУ
Концепция и Программа
МОСКВА 1990

「500日計画」
経済学者のヤブリンスキーらが作成したソ連経済を市場経済化するための計画。戦後日本の市場経済移行が1年で可能となったと想定、ソ連の場合500日が適当と考えたという。

ぐる問題であった。

一九九〇年末までに、連邦改革をめぐって、三つの勢力が台頭した。第一は、旧来のソ連邦の維持をはかる保守派、連邦の危機を主張して一一月にできた議員集団ソユーズのように危機管理と紛争地の「大統領直轄」を求めた。第二は、共和国の独立をはかる分権的な志向であって、これはジョージアなどで強かった。ロシアのエリツィンを含む第三の勢力は、連邦よりも「共同体」のようなゆるい形態を志向した。

こうしたなかゴルバチョフは一九九〇年一一月に連邦条約に関する提案を行い、連邦条約締結への機運が出た。これはバルト三国などの独立派への牽制であると同時に、自治共和国に対する対応でもあった。一一月の最高会議を前にゴルバチョフに対し保守派が行動を起こした。こうした新傾向を代表したのが、軍・治安機関との関係が深かったルキヤノフである。彼は民族紛争地域に非常事態を宣言すべきであると、連邦維持派の議員組織「ソユーズ」をあやつった。ゴルバチョフ自身も急進路線の実効性に不信をいだき、危機管理的なリーダーシップの主張に傾斜した。隠匿物資摘発への労働者統制の大統領令が出るなど、規律強化、経済危機に対する非常措置的方策が出た。一九九〇年一二月の第四回人民代議員大会ではこの保守的な傾向に対しシェワルナッゼ外相が保守派に抗議、クーデターの恐れを警告して外相辞任を表明した。

ゴルバチョフは連邦維持をはかる連邦派の反発にあい、この結果保守派のヤナーエフが一九九〇年末に副大統領となった。ゴルバチョフは危機管理的体制への移行を容認した。副大統領ヤナーエフ、新首相パブロフなど、のちのクーデター派の中核となる保守的指導部ができた。クリユチコフKGB議長などの力が台頭した。なかでも焦点はバルト問題であって、九〇年三月のリトアニアをはじめとする三共和国の独立宣言以後、年末には「大統領直轄」を求める保守派の動き、治安機関の行動が見られた。九一年一月ビリニュスでは保守派がテレビ局を占拠、一四名の死者が出た。ラトビアでも同様の紛争が生じた。急進改革派が抗議し、改革派のブレーンも辞任した。新たに経済的権限を握ったパブロフ首相は高額紙幣を無効にし、企業に対する治安機関の関与を認めるなど、統制色を強めた。

ゴルバチョフは二月に中道派を自称、安全保障会議にヤコブレフ、バカーチンなど改革派を入れた。しかし、エリツィンなどロシア政府、「民主ロシア」派は、ゴルバチョフを非難し、抵抗を強めた。こうして「中道」派ゴルバチョフと急進的エリツィンとが対立するといった事態も生じた。五月、コムニスト民主化運動は、民主社会主義と社会主義インター加盟の左派運動として、党の理念と組織を変え、党名も改名すべきことを訴えた。ルツコイらのロシア・コムニスト民主党は、八月はじめに会議を開いた。また改革派集団が新党運動を促進した。シェワルナッゼの「民主改革運動」には、旧党改革派が参加した。

このような国内状況は国際関係のなかでのソ連の変化とも関係していた。一九九〇年九月には統一ドイツに関する条約が独ソ間の善隣条約とともに結ばれ、一〇月にはドイツ統一が可能となった。一一月には独ソの不可侵条約も結ばれた。また全欧安保に関する合意が、米ソ両大統領のあいだで確認され、不戦体制ができた。また韓国との国交回復（九月）なども進んだ。ゴルバチョフ大統領へのノーベル平和賞も決定された。しかしソ連は事実上同盟国のない国となった。

一九九〇年八月突如起こったイラクのクウェート侵攻に伴う湾岸危機では、同盟国だったイラクへの対応をめぐってソ連国内は分裂した。親西欧的なシェワルナッゼ外相は保守派からの非難で辞任、翌年一月にはベススメルトヌィフが新外相になった。九一年四月のゴルバチョフ大統領の日本訪問では領土問題解決への可能性は少なくなった。国際社会ではソ連への支援を提唱する学者もあったが、しかし国内では、大統領の政治的命運は傾き始めた。

こうしたなかゴルバチョフは一九九一年三月、連邦制の維持を問う国民投票を実施、バルト諸国などがボイコットしたものの、ソ連全体で七六・四パーセントの支持を得た。これらを背景に四月の党中央委員会総会ではゴルバチョフは攻勢に出た。九共和国首脳との会談では、共和国主体の新連邦条約を提唱した。これは九プラス一の定式でもって知られた。六月のロシアの最初の大統領選挙は、はじめての民主化選挙だったが、結局エリツィン、ルツコイのチームが五七・三パーセントと圧勝した。このときモスクワ、レニングラードでもソビエト議長であったポポフ、ソプチャークがそれぞれ市長に選出された。

ゴルバチョフは、新たな主権国家の連邦案を出し、これには最高会議議長ルキヤノフ、パブロフ首相ら、現状維持派による抵抗が深刻化した。七月には保守派の政治家・知識人が非常事態宣言を公然と呼びかけた。他方ヤコブレフ、シェワルナッゼらは民主化運動を主張する。この間エリツィンはロシア政府内での党機関の活動を禁止した。保守派は七月の党中央委員会総会で行動を始めた。八月はじめにはルツコイ、ヤコブレフらが党籍をうばわれるなど対立が激化する。連邦条約をめぐる紛争はぬきさしならぬ対立へと至った。クーデターの危惧もあるなか、ゴルバチョフは八月二一日の連邦条約締結を前にクリミアでの休暇に入った。

八月クーデター

この間ゴルバチョフ大統領に対するクーデターが準備されていた。一八日ゴルバチョフが新連邦条約の構想をねってい

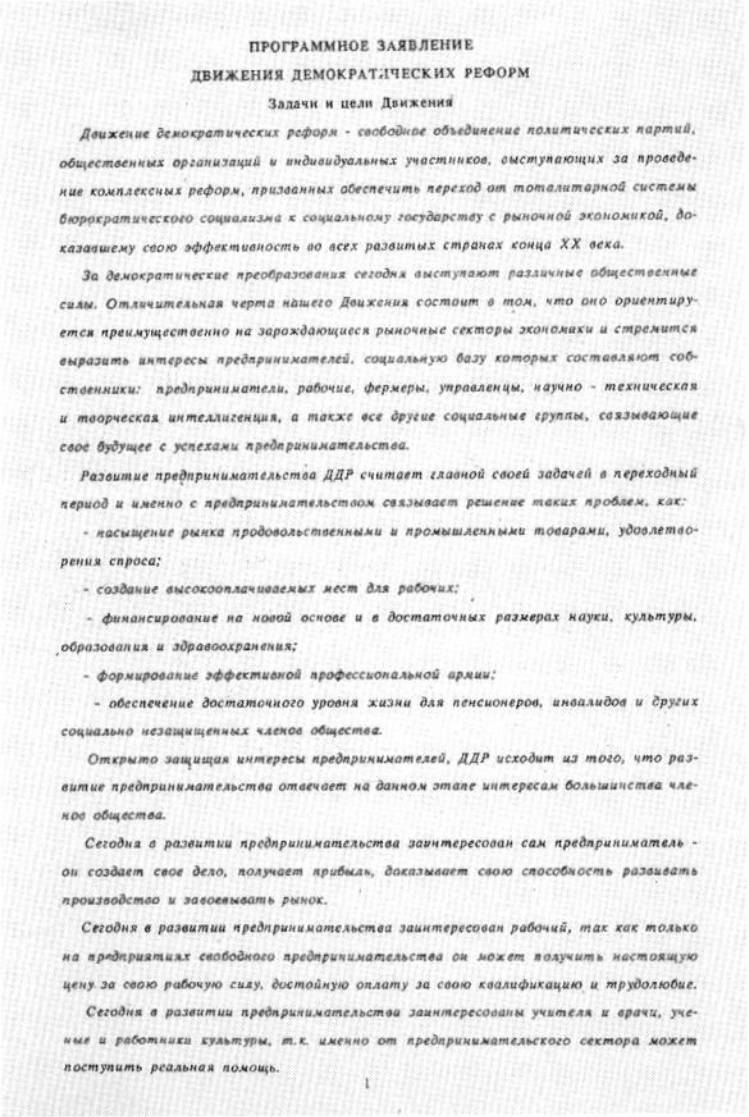

ПРОГРАММНОЕ ЗАЯВЛЕНИЕ
ДВИЖЕНИЯ ДЕМОКРАТИЧЕСКИХ РЕФОРМ

Задачи и цели Движения

Движение демократических реформ - свободное объединение политических партий, общественных организаций и индивидуальных участников, выступающих за проведение комплексных реформ, призванных обеспечить переход от тоталитарной системы бюрократического социализма к социальному государству с рыночной экономикой, доказавшему свою эффективность во всех развитых странах конца XX века.

За демократические преобразования сегодня выступают различные общественные силы. Отличительная черта нашего Движения состоит в том, что оно ориентируется преимущественно на зарождающиеся рыночные секторы экономики и стремится выразить интересы предпринимателей, социальную базу которых составляют собственники: предприниматели, рабочие, фермеры, управленцы, научно - техническая и творческая интеллигенция, а также все другие социальные группы, связывающие свое будущее с успехами предпринимательства.

Развитие предпринимательства ДДР считает главной своей задачей в переходный период и именно с предпринимательством связывает решение таких проблем, как:

- насыщение рынка продовольственными и промышленными товарами, удовлетворения спроса;

- создание высокооплачиваемых мест для рабочих;

- финансирование на новой основе и в достаточных размерах науки, культуры, образования и здравоохранения;

- формирование эффективной профессиональной армии;

- обеспечение достаточного уровня жизни для пенсионеров, инвалидов и других социально незащищенных членов общества.

Открыто защищая интересы предпринимателей, ДДР исходит из того, что развитие предпринимательства отвечает на данном этапе интересам большинства членов общества.

Сегодня в развитии предпринимательства заинтересован сам предприниматель - он создает свое дело, получает прибыль, доказывает свою способность развивать производство и завоевывать рынок.

Сегодня в развитии предпринимательства заинтересован рабочий, так как только на предприятиях свободного предпринимательства он может получить настоящую цену за свою рабочую силу, достойную оплату за свою квалификацию и трудолюбие.

Сегодня в развитии предпринимательства заинтересованы учителя и врачи, ученые и работники культуры, т.к. именно от предпринимательского сектора может поступить реальная помощь.

1

民主改革運動（7月）綱領
1991年には、ゴルバチョフ周辺で共産党に変わる新しい政治運動が発足、なかでもヤコブレフ、シェワルナッゼ、ルツコイ、ポポフらの民主改革運動がソ連崩壊まで有力に見えた。

湾岸戦争時のフセイン大統領
1990年９月29日深夜、イラク国営テレビ、ラジオを通じて国民に演説するフセイン大統領。（写真提供・ロイター＝共同通信社）

クーデターの犠牲者
8月クーデターでは若者3名が亡くなった。またクーデター派でもアフロメーエフ参謀総長などが自殺した。

8月クーデター反対運動 連邦改革の中で、ゴルバチョフが登用した軍や、治安機関のなかからルキヤノフ連邦最高会議議長など保守的連邦派が台頭、連邦維持を訴える動きに出た。これへの抵抗も強まった。

たとき、指導部内のクーデター派が突如訪問、非常事態をしくか、一時的に大統領権限を副大統領に与えるよう強要した。しかしゴルバチョフへの説得は成功しなかった。このため一九日副大統領ヤナーエフ、内相プーゴなど八名からなる国家非常事態委員会は、ヤナーエフが大統領代行となり全権限を掌握したと発表した。これは合法性をよそおった宮廷クーデターであった。最高会議議長ルキヤノフはこれを追認した。

しかし一九日モスクワ市内での戦車を投入しての戒厳令施行に対し、エリツィンらロシア政府・議会関係者は最高会議ビルを拠点に強く抵抗した。市民もまた街頭に出て妨害した。新聞は発行停止となったが、テレビなどマスコミも批判的で、地下放送をして抵抗した。主要西欧諸国や世論もクーデターを批判した。なにより空軍や戦車部隊の司令官クラスが

戦車の上で演説するエリツィン
1991年8月19日、ソ連保守派クーデターの際、戦車の上で演説するエリツィン。(写真提供・AFP=時事通信社)

ゴルバチョフ辞任
1991年8月23日、8月政変後のロシア共和国最高会議で、エリツィンにクーデターのメモを読むよう求められるゴルバチョフ大統領。(写真提供・ロイター=共同通信社)

エリツィン寄りとなり始めた。こうしてクーデターは腰くだけとなった。軍関係者までもが中立化するか、ロシア側に傾いた。三名の市民が犠牲になる対立ののち、クーデターは二一日までに終わった。ゴルバチョフはモスクワへ戻ったが、クーデター関係者は、ソ連法ではなくロシア法により逮捕された。ソ連とロシアとの関係は変わった。内相プーゴ、軍事顧問アフロメーエフらは自殺した。こうしてクーデターのあいだに、国内の政治情勢は急変していた。ゴルバチョフは発言力を低下、「別の国に戻ってきた」。しかもゴルバチョフは人事を急いだ結果、クーデターに関与した人物を治安機関の責任者とする失態まで犯した。

こうしてゴルバチョフは党書記長を辞任、中央委員会にも解散を求める声明を出した。こうしてソ連共産党は共産党と名乗ってから七三年の歴史を終えた。民主ロシアなど民主化勢力や、分離主義的な共和国勢力が台頭した。モスクワ市のポポフ市長は、党資産の没収を宣言し、象徴的にはKGBの建物の前からゼルジンスキー像の撤去を認めた。クーデターの崩壊、ゴルバチョフの無力化は、連邦と共和国の関係を決定的に変えた。

ソ連の終焉

ウクライナではクラフチューク共産党第一書記が民族主義派に転換、二四日にウクライナの独立を宣言した。多くの共和国が独立を宣言するなか、九月の連邦臨時人民代議員大会では、主権を有する共和国の代表者によって主権国家連邦を創設することが宣言された。過渡期の国家管理機関がつくられた。ここで共和国首脳からなる国家評議会がバルト三国の独立を承認した。ゴルバチョフは独立傾向を高める共和国首脳との提携を強めるため、ヤブリンスキーなどを中心に、共和国間の経済共同体条約締結を先行させようとした。しかし連邦の権威の低下は顕著であって残務整理の仕事が中心となった。

連邦をめぐる最大の問題は、エリツィン指導部内にあった。ロシアは事実上連邦を管理したが、連邦を支えるべきか、それともロシアは一国でゆくべきかで割

8月クーデター反対の民衆　1991年８月20日、赤の広場で長いロシア共和国の三色旗を広げるモスクワ市民。（写真提供・AFP＝時事通信社）

Интердвижение Литвы

НАШЕ ДЕЛО ПРАВОЕ

ラトビア・インテル運動ビラ
インテルというのはバルト三国などでのソ連系支持組織。多くロシア人保守派が支持した。

МОЛНИЯ

ДЕМОФАШИЗМ НЕ ПРОЙДЕТ

ПРЕЛЮДИЯ ТЕРРОРА

保守派の崩壊批判ビラ
ソ連崩壊を批判する勢力もあったが、しかしエリツィンら急進派だけでなく、ジュガーノフの率いるロシア共産党系もソ連崩壊に賛成となった。

ソ連崩壊後の民族独立
①アディゲア②カラチャイ・チェルケス③アブハジア④アジャール⑤北オセチア⑥南オセチア⑦チェチェン⑧カルムイク⑨ダゲスタン⑩ナゴルノ・カラバフ⑪ナヒチェヴァン⑫ジョージア⑬アルメニア⑭アゼルバイジャン

れた。ブルブリス国務担当書記ら独立派は、ヤブリンスキーなど連邦維持派との対立を呼んだ。ブルブリスらは、一一月末のロシア人民代議員大会までに、提携派をロシア指導部から放逐、エリツィン大統領・首相兼任体制のもと、自ら国務長官・第一副首相として政府に入った。そしてガイダル副首相らの主張したショック療法という価格自由化路線を打ち出し、IMFとの協調を通じて自由化を急ぐべきであると主張した。

それでも、一一月にはゴルバチョフは新連邦条約を結び、主権国家の連邦を創設することを、国家評議会の各国首脳とのあいだで進めた。小さくとも連邦中央が存在すべきであるというのが新連邦派の構想であった。盟友シェワルナッゼも一一月にソ連外相に復帰した。

しかし一二月独立国民投票を待つウクライナの態度も、米国、カナダ政府や国際社会も次第にソ連に否定的になった。なかでもウクライナ移民がいるカナダが独立に熱心だった。こうしてエリツィン大統領は、ウクライナが参加しない新連邦条約には参加しないと主張した。連邦予算の枯渇とウクライナ独立とがこのバランスを崩した。ロシアがソ連軍を含む

ベロベーシ会議
1991年12月7－8日、エリツィンらスラブ系３民族の首脳は，ソ連邦解体の話し合いのためポーランド国境に近いベロベーシで会談を行った。ロシアでは経済自由化派のガイダルらが実権を握った。

連邦予算を肩代わりした。一一月末、エリツィンはロシア独立を明確にし始めた。一二月八日のベラルーシ、ミンスク郊外のベロベーシ会議で、ロシア、ウクライナ、ベラルーシらスラブ系三共和国首脳による、ソ連邦からの離脱と独立国家共同体形成の協定が結ばれた。ロシア側、とくにブルブリス、シヤフライの構想によるこの国家共同体は、ソ連を崩壊させ、中央は調整機能のみを残し、その場所もモスクワの連邦官僚の圧力をさけるため、ミンスクに移すものであった。ベラルーシのシュシケビィチ最高会議議長も合意した。

　これに対しゴルバチョフは、ナザルバエフ・カザフ共和国大統領と連絡を強化し、連邦維持で対抗しようとしたが、三首脳もまたカザフなど中央アジアの五共和国をも巻き込んでソ連邦の解体を本格的に推進した。エリツィンはソ連邦解体を進め、ソ連軍も承認した。

　八月クーデターの失敗と党解体で、連邦の弱体化と共和国の「国家」としての権限拡大は不可避となり、ゴルバチョフの政治的命運はほぼ終わっていた。この結果、二一日にはカザフ共和国のアルマ・アタにおいて、独立国家共同体条約に調印した。一九九一年一二月二五日、ゴルバチョフ大統領の辞任が表明された。ここにソビエト革命以来七四年、ソ連邦、社会主義、そして共産党の時代は終わったのである。

第二版へのあとがき、もしくは古儀式派再考

本書第二版は、ソ連崩壊後三〇年経って出版される。

「現代とは歴史の最後のページである」と言ったのは一九世紀ロシアのナロードニキ的思想家アレクサンドル・ゲルツェンである。しかし読者にとって歴史書とは、現代の課題や問題を理解するためのよすがでもある。したがって歴史とは、現代の価値観にしたがって読み直され、再解釈され、そして場合によって再構成される存在でもある。

三〇年経ってみれば価値観や世界の状況も大きく変わる。第一版が出版されたのは二〇一一年、ソ連崩壊からちょうど二〇年であった。その意味では旧版から一〇年経つが、内容的に本書を改版するほどの状況は、特に史料面では大きくは変わらなかった。とくに現代ソ連史とは、同時代の記憶や各種文献を基礎としながらも、その後明らかになった研究、回想や史料館史料をも加味した知の集積であり、その再解釈である。その現代的な水準とは、ソ連崩壊前にミハイル・ゴルバチョフ共産党書記長、最後のソ連大統領が始めた「歴史の空白」を埋めようという歴史解釈の自由化の所産でもある。ソ連崩壊後、エリツィン・ロシアをはじめ史料館なども開かれ、ソ連史の新ルネッサンスが生まれたかに思われた。イデオロギーから自由になり、かわってエスニシティや宗教などアイデンティティへの模索が強まった。

日本では、一九五六年のスターリン批判のなかから、ロシア史の片手間で行われたソ連史研究が、七〇年代までに本格的なソビエト史研究へと進化した。ペレストロイカとともに史料へのアクセスも広がったが、一九九一年のソ連崩壊を経験した。多くの研究者にとってもソ連崩壊は予想外であって論争を招いた。ちなみにソ連邦最後の日となった一九九一年一二月二三日、最後のソ連大統領ゴルバチョフが最初のロシア連邦大統領エリツィンに渡したのは、三五〇〇発の核のボタンと並んでスターリン文庫という旧政治局文書であった。もっともその多くはいまでもロシアのアカデミー会員クラスにもオープンとはいえない。

それでも「予想せざる過去を持つ国」とよばれたソ連での歴史見直しのプロモーターであり、ゴルバチョフ、エリツィン両大統領の立会人でもあったアレクサンドル・ヤコブレフ政治局員が中心になった『二〇世紀のロシア』史料集をはじめ、ロシア、旧ソ連、そして欧米や日本を含む研究書、史料集や回

想録が洪水のように流れ出し、今日に至る。

本書の旧版が書かれたのは今世紀に入って新史料公開も一段落し、ロシアの国家再建を標榜するプーチン政権の発足で次第に保守化する状況下であった。ロシア史ではロシア語世界の保護、民族主義やロシア正教の復活といった側面が強調されだしたときでもある。この間、ゴルバチョフ財団やエリツィン財団といった米国にならった新史料センターもでき、関連文書が収集、一部出版されたもののそれも一段落し、史料公開はその後は緩慢となった。それはロシア革命直後に共産党政権が帝政期の史料を当初は積極的に暴露、公開したものの、スターリン時代までにそれが停止したのと似ている。

2014年２月、ウクライナのキエフにおける、デモ隊と治安部隊の衝突（写真：共同通信社）

むしろこの一〇年で変わったのは、この間の国際政治の変容である。ソ連崩壊後唯一の超大国となった米国のグローバルな覇権という時代が、九〇年代のユーゴ紛争や中東危機を経て、NATO東方拡大といった動きの上に二一世紀が始まった。なかでも9・11同時多発テロ以降の対テロ作戦と米国のイラク介入、リーマンショック、この間隙をぬった中国、インドの台頭のなか、二〇一四年にウクライナをめぐるNATO拡大の動きが、プーチン政権のクリミア併合と米国などG7からのロシアの追放を起こす事態にいたった。

こうした中で起きたウクライナ危機は、旧ソ連研究者にとっても衝撃となった。歴史的には兄弟国に思われたウクライナとロシアとの対立は二〇一四年のクリミア併合とその後のウクライナ内戦で極点まで至ったからである。そもそもソ連崩壊を促したのは、一九九一年八月のゴルバチョフ大統領へのクーデター時、この動きに抵抗したロシアではエリツィンや改革派がロシア国家建設を志向してゴルバチョフ・ソ連の威信が低下、ウクライナ・エリートもまた独立に走ったことだ。

しかしどうやらそれよりも深い理由があった。ロシア国家の始まりとは、スターリン期の『党小史』などの無神論期の文献にあっても、九八八年にキエフ・ルーシの大公ウラジーミルがキリスト教に受洗したことから始まったとされる。もっともその直後に正教とカトリックとの分裂が起き、ウクライナ、とくにその西部はカトリック・ポーランドとの関係が深く、他方ロシア正教会はモスクワなど大ロシアからマロ・ルーシとよばれた東部ウクライナを支配してきたという事情がある。そうでなくとも東方正教世界では国家と宗教との「交響」という形での国家＝宗教観があり、政教分離の西欧とは異なっていた。したがってウクライナとロシアとは、ロシア正教の観点からいえばいわば兄弟国家ということになる。

ところがソ連崩壊後のＮＡＴＯ東方拡大のもとで、両者のアイデンティティをめぐる争いは、米ロのウクライナを巡る覇権争いとも絡んだ。ウクライナとはカトリック・ポーランドから見た辺境の意味もある。米国の、とくに民主党内のポーランド移民に多いカトリック系がネオコンとともに介入に熱心だった。ソ連邦とは無神論国家であるとレーニンをはじめとする共産党指導者が公言してきた。守られることの少なかったソ連憲法でも信仰の自由はあったが、布教の自由はなかった。しかし物事はそれほど単純でなかったことを本書でも示している。一九四一年六月の独ソ戦、いわゆる「大祖国戦争」以降はコミュニスト・インターナショナルの解散とロシア正教会の解禁により、「愛国的な」祖国防衛のために宗教はスターリンのもとで蘇生され、動員された。それ以外にも政治的な非スターリン化を進めたフルシチョフ第一書記は宗教的不寛容に戻ったが、七〇年代のデタント期には宗教や信仰は黙認された。そしてペレストロイカ期の一九八八年、ルーシ受洗一〇〇〇年祭にあわせて聖書やコーランが出版され出した。この年はソ連共産党が国家統治の一党支配をやめた年でもある。一九七七年、ブレジネフ期の憲法において「党の指導的役割」として規定していた。これは共産党が国家を越えた組織であり、ノメンクラトゥーラの党官僚が軍や国家、経済を支配する絶大な権力をもってきた根拠であったが、この一九八八年に民族、宗教、市場経済が解禁され、イデオロギーを含む共産党の「指導的役割」は解除され、党官僚の支配が終わった。

しかし他方、ソ連国家はソビエト制というもう一つの正統性原理をもっていた。ソビエトは会議とか評議会と訳されたが、一九〇五年の日露戦争敗北時にモスクワとボルガ川の間にあるイワノボ・ボズネセンスク（ヨハネ昇天の意味）という繊維工業の中心地で初めて生まれた民衆の組織である。レーニンはこの制度を当初無視したが、一七年四月に、この制度はマルクスが一八七一年に賞賛したパリ・コンミュンという人民権力の再来だという形で再評価、「全権力をソビエトに」という形で革命派の権力奪取に利用した。もっともその後は実質的な権力の中心となった党権力の正当化のために利用された。一九二一年に一党独裁にソビエトの名で抵抗した民衆反乱を最後に、ソビエトは単なる行政機関でしかなくなった。

そのソビエトとはいったい何であったのか。本書は旧版でもその古儀式派という集団を体系的なソ連史のキーワードとしてはおそらく初めて登場させたが、この一〇年ほどでこの方面の研究も進み、新しい研究も出てきている（坂本秀昭、中澤敦夫編著『ロシア正教古儀式派の歴史と文化』明石書房、二〇一九年など）。

第一は、ソビエトの最初の起源となったイワノボやボルガなどの歴史の研究が進み、ナポレオン戦争による大火後モスクワから移住した古儀式派集団が繊維産業を興し、その工場のなかで教会を禁じられた異端的信徒集団が、一九〇五年の帝国の敗北もあり、帝国の宗教敵とされたこの宗派への寛容令をもとめたことと関係することがわかってきた。彼らは持ち前の献身で地下銀行などのネットワークを生かして繊維や水運、鉱山などロシアの資本主義を急成長させていた。

イワノボの古儀式教会、ウスペンスキー寺院

一九一七年にスターリンも認めたようにソビエトとは「純粋ロシア現象」であり、ウクライナでのラーダとは異なる起源があった。上の写真は、一七世紀にでき、一九〇五年に同地のブーリリンという信徒の産業家が寄進したウスペンスキー寺院であるが、このような古儀式派信徒集団の間でソビエトが生まれた。それは初期ボリシェビキ歴史家ポクロフスキーに言わせれば協調主義的でもあった。

第二に、二〇世紀、ロシア革命時の同派の信徒は公式統計では宗務院の研究者で「三〇〇万」以上、実際は二〇〇〇万以上いた。一九〇五年、革命時に繊維王で同派の指導者サッバ・モロゾフも作家ミハイル・ゴーリキーを通じてレーニン党に寄付したことが明らかとなった。最大の秘書ウラジーミル・ボンチ＝ブルエビッチは同派の研究者にして初代ソビエト政権官房長官として、兄で革命派に転じた赤い将軍ミハイルとともに一九一八年のモスクワ遷都を実施したこと、最高ソビエト議長カリーニンや歴代首相職はルイコフ、モロトフから一九五七年のブルガーニンまで、ロシア人で古儀式派出身がなる例が多かった。フルシチョフはむしろ無神論者でウクライナとの関係が後継のブレジネフ同様深かったが、今ではアンドロポフとグロムイコは古儀式系と目されている。グロムイコに至っては公式の回想録で祖先の素性を明らかにした。

第三に、ゴルバチョフに対抗しだしたウラル出身のエリツィンとその側近集団には強い古儀式派の影響があり、エリツィンの公式の伝記作家ミナエフはエリツィンの党内異端的動きからロシア独立にいたる行動を古儀式派の系譜と推測する。彼らは一六六六年の教会分裂以降「モスクワは第三のローマ」として帝国とピョートル大帝、その首都ペテルスブルクを「宗教敵」とみた末裔であり、ウクライナと合邦する以前のロシア国家観を持っていた。

なかでも一五世紀にウラルにやってきたエリツィン一族の系譜は古来の正教を墨守する古儀式派であった。実は八月クーデター時に彼を支えた、古儀式派信徒のコルジャコフはその時点ですでに独自の警護隊を所有し、クーデター派のなかにシンパを有していた。また彼の情報相、副首相ともなった『プラウダ』紙の経済記者出身でペレストロイカ期の革新的な『モスクワ・プラウダ』編集長を経て副首相、情報相となるポルトラーニンは、いずれも古儀式派の敬虔な信徒でもあった。そもそも同紙は一九一二年古儀式派から革命家になったチホミロフが遺産を献金してモロトフらと作った新聞である。九〇年代のガス工業出身の首相チェルノムイルジンもオレンブルグ・コサック出身の同派関係者と推定されエリツィンのロシアを支えた。

第四として、エリツィンから後継指名をうけたプーチンにもこの流れと接点があり、ロシア革命一〇〇周年の年に、初めて世俗国家指導者として三五〇年前の正教会分裂の事実を認め、異端教会に足を運んだことが注目されている。ちなみにイワノボの寺院も二〇一五年火事にあったが、一八年に古儀式派へと返還された。

このようにみるとソ連崩壊からロシア再生とは、同時に帝政以前の古いロシアの復活でもあったようにも見えてくる。冷戦期にソ連が描いた「革命的」、あるいは西側での「全体主義的」ソ連像の虚飾をはがしてみると以外にその「古層」がのぞく。ちなみに冒頭の哲学者ゲルツェンは、ドイツ系移民の革命家としてボルガのビャトカ県（現キーロフ州）に流刑に会い、そこでこの反帝国的存在である古儀式派をいわば発見した人物である（『ロシヤにおける革命思想の発達について』）。ちなみに同地からでた革命家政治家にはソ連の二代目首相ルイコフ、三代目モロトフ、そしてセルゲイ・キーロフらがいた。

ロシア、ロシア帝国、ソビエト社会主義共和国連邦、そして一九九二年からのロシア連邦と続く歴史のなか、本書の対象であるソ連邦は一九九一年末に崩壊した。その崩壊から三〇年経って考えるとロシアの歴史と伝統もその「革命的断絶」と並んで現代に影響していることに気づく。その意味でも冒頭のゲルツェンの言葉が改めて想起される。

二〇二一年秋　下斗米伸夫

ソ連史略年表

1898	ロシア社会民主労働党第1回大会
1902	レーニン、『何をなすべきか』刊行
1903	第2回党大会、ボリシェビキ派誕生
1905	ロシアの第1次革命
1914	第1次世界大戦開戦
1917	2月革命（2月） レーニン帰国。4月テーゼ 10月革命（10月）。人民委員会議（レーニン議長）
1918	憲法制定会議解散（1月）。第3回ソビエト大会で社会主義連邦共和国。モスクワ遷都（3月）。 ブレストリトフスク講和条約（3月）。戦時共産主義。チェコ軍団反乱で日米欧干渉（5月）
1919	コミンテルン創立大会
1920	労働組合論争、農民反乱激化
1921	第10回党大会。ネップ導入。クロンシュタット反乱鎮圧（3月）
1922	スターリン書記長となる ソ連邦形成（12月）
1923	トロツキー派の敗北
1924	レーニン死去（1月） ソビエト活発化政策
1925	ネップ頂点に達する 第14回党大会でジノビエフ派敗北
1926	工業化。英ソ断行
1927	合同反対派敗北。第15回党大会 穀物調達危機
1928	第1次5カ年計画（10月）。トロツキー追放
1929	右派（ブハーリンら）の政治局排除（11月） スターリン公称50歳誕生日（12月）
1930	全面的農業集団化（1月）。ルイコフ首相解任（12月）、後任にモロトフ就任。

1932 クバン事件（11月）。スターリン夫人自殺

1933 MTS政治部導入（1月）。ヒトラー政権掌握

1934 第17回党大会。国際連盟加盟（9月）。キーロフ暗殺（12月）。

1935 合同反対派裁判（1月）。コミンテルン第7回大会（7月）

1936 合同本部事件判決（8月）
ソ連憲法採択（12月）

1937 トハチェフスキーら赤軍首脳裁判（7月）

1938 モスクワ・ブハーリン裁判（3月）

1939 ノモンハン事件（5月）。独ソ不可侵条約。第二次世界大戦勃発（9月）。冬戦争開始

1940 バルト三国併合

1941 独ソ戦開始（6月）。日本軍真珠湾攻撃（12月）

1943 スターリングラード攻防戦終結

1945 ヤルタ会談（2月）
独ソ戦勝利（5月）
米軍、日本に原爆投下（8月）。ソ連参戦。日本降伏文書調印（9月）
モスクワ外相会議（12月）

1946 G・ケナン、長文電報（2月）を打つ
閣僚会議創設

1947 コミンフォルム創設（9月）

1948 ユーゴ、コミンフォルム除名
レニングラード事件

1949 中華人民共和国成立（10月）

1950 朝鮮戦争（6月）

1951 日本、サンフランシスコ講和条約締結

1953 スターリン死去（3月）
ベリヤ逮捕。フルシチョフ第1書記となる（9月）

1954 中ソ首脳会談〔北京〕（10月）

1955 マレンコフ解任

1956 第20回党大会（2月）にてスターリン批判起こる
日ソ共同宣言（10月）。ハンガリー事件
1957 反党グループ事件
スプートニク打ち上げ（12月）
1960 中ソ対立表面化
1961 第2次スターリン批判起こる。ガガーリン宇宙飛行（4月）
1962 ソルジェニーツィン『イワン・デニーソヴィチの一日』刊行。キューバ危機（10月）
1964 フルシチョフ失脚（10月）。ブレジネフ体制へ
1965 コスイギン経済改革
1966 中国、文化大革命開始
1968 チェコ事件（8月）。ワルシャワ条約機構軍事介入
1969 中ソ武力衝突（ダマンスキー島）
1972 米国ニクソン大統領ソ連訪問（5月）
1975 ヘルシンキ条約（8月）
1979 アフガニスタン介入（12月）
1980 ポーランド「連帯」誕生（9月）
1981 第26回党大会
1982 ブレジネフ死去（11月）
1984 アンドロポフ死去（2月）
1985 ゴルバチョフ書記長就任（3月）
1986 第27回党大会。チェルノブイリ事故（4月）
1987 ゴルバチョフ、政治改革（1月）。歴史見直しの動き起こる
1988 第19回党協議会
1989 人民代議員大会選挙
1989 バルト三国、独ソ不可侵条約見直し
1990 一党制見直し、大統領制導入
ロシア共和国主権宣言
1991 リトアニア、ラトビアで軍・治安部隊と市民が衝突。8月クーデター失敗（8月）。ソ連崩壊（12月）

党大会年表

第1回	**1898**	社会民主労働党結成
第2回	**1903**	ボリシェビキ派とメンシェビキ派
第3回	**1905**	ロンドン大会
第4回	**1906**	ストックホルム大会
第5回	**1907**	ロンドン大会
第6回	**1917**	2月、10月革命
第7回	**1918**	ロシア共産党に改称
第8回	**1919**	内戦期
第9回	**1920**	内戦末期
第10回	**1921**	ネップへの移行
第11回	**1922**	スターリン書記長
第12回	**1923**	トロツキー派と主流派の対立
第13回	**1924**	レーニンなき最初の大会
第14回	**1925**	新反対派の敗北
第15回	**1927**	合同反対派の敗北
第16回	**1930**	スターリン派の勝利、全面的集団化
第17回	**1934**	勝利者の大会
第18回	**1939**	戦争への移行
第19回	**1952**	スターリン末期
第20回	**1956**	スターリン批判
第21回	**1959**	フルシチョフ体制
第22回	**1961**	スターリン再批判
第23回	**1966**	ブレジネフ・コスイギン体制
第24回	**1971**	デタントへ
第25回	**1976**	ブレジネフ期の頂点
第26回	**1981**	停滞の時期
第27回	**1986**	ペレストロイカの開始
第28回	**1990**	ソ連崩壊へ

歴代共産党書記長

ヨシフ・スターリン	**1922–53**
ニキータ・フルシチョフ	**1953–64**
第一書記という呼称	
レオニード・ブレジネフ	**1964–82**
ユーリー・アンドロポフ	**1982–84**
コンスタンチン・チェルネンコ	**1984–85**
ミハイル・ゴルバチョフ	**1985–91**

歴代首相

ウラジーミル・レーニン	**1917–24**
アレクセイ・ルイコフ	**1924–30**
ビヤチェスラフ・モロトフ	**1930–41**
ヨシフ・スターリン	**1941–53**
ゲオルギー・マレンコフ	**1953–55**
ニコライ・ブルガーニン	**1955–58**
ニキータ・フルシチョフ	**1958–64**
アレクセイ・コスイギン	**1964–80**
ニコライ・チーホノフ	**1980–85**
ニコライ・ルイシコフ	**1985–91**
ワレンチン・パブロフ	**1990–91**

図版引用文献

M. Anikst (ed.), Soviet Commercial Designof the Twentieth, Abbeville Press, 1987

『ロシア・アヴァンギャルド展　ステンベルグ兄弟中心に』東京都庭園美術館　2001年

Raketnyi Schit Otechestva, M, 1999

David King, Red Star over Russia, A Visual History of the Soviet union from 1917 to the Death of Stalin, Tate Publishing, 2009.

O. I. Gorelov, Tsugtsvang Mikhaila Tomskogo, M., Posspen, 2000

Elena Osokina, Za Fasadom 'Stalinskogo izobiliya, M., Rosspen, 1999

Gulag v Karelii, Sbornik dokumentov n materialov 1930–1941, Petrozavodsk, 1992.

Litso Mezhdunarodnogo men'shevizma, Ogiz-Izogiz, 1931.

Stalin i Kaganovich, perepiska,. 1931–1936 gg. Rosspen, 2001.

Helmut M. Müëller, Deutsche Geschichte in Schlaglichtern, Mannheim 1990.

Hans Georg Lehmann, Deutschland-Chronik, 1945 bis 1995, Bonn 1995.

地図製作・平凡社地図出版

池田嘉郎『革命ロシアの共和国とネイシャン』山川出版社　2007年
G. Swain, Russia's Civil War, The History Press, 2008
下斗米伸夫『神と革命――ロシア革命の知られざる真実』筑摩選書　2017年
藤田勇『ロシア革命とソ連型社会=政治体制の成型――ソビエト社会主義共和国連邦史研究1917-1937』日本評論社　2021年
H. Kuromiya, Stalin, profiles in Power, Pearson/Longman, 2005
F. Chuev, Molotov, M., 2002
V.A. Nevezhin, Zastol'nye rechi: Stalina, M., 2003
S. Davies（ed.）, Stalin, A New History, Cambridge University Press, 2006
ロイ＆ジョレス・メドベージェフ『知られざるスターリン』（久保英雄訳）現代思潮新社　2003年
ロバート・サーヴィス『レーニン　上・下』（河合秀和訳）岩波書店　2002年
エレーヌ・カレール＝ダンコース『レーニンとは何だったか』（石崎晴己・東松秀雄訳）藤原書店　2006年
L. Chamberlain, The Philosophy Steamer, Atlantic Books, 2006
R, Service, L. Trotsky, A Biograpy, 2009, Macmillan
Golod v SSSR 1930-1934, M, 2008
J. J. Rossman, Worker Resistance under Stalin, Harvard University Press, 2005
O・フレヴニューク『スターリンの大テロル――恐怖政治のメカニズムと抵抗の諸相』（富田武訳）岩波書店 1998年
O・フレヴニューク『スターリン――独裁者の新たなる伝記』（石井規衛訳）　白水社　2021年
C. Merridale, Night of Stone, Death and Memory of Russia, London, Granta Books, 2000
キャサリン・メリデール『イワンの戦争――赤軍兵士の記録1939-45』（松島芳彦訳）　白水社　2020年
Ivan's War, Life and Death in the Red Army, Picador, 2007
Arto Luukkanen, The Religious Policy of the Stalinist state, Finnish Literature Society, 1997
アン・アプルボーム『グラーグ――ソ連集中収容所の歴史』（川上洸訳）白水社　2006年
富田武『戦間期の日ソ関係1917-1937』岩波書店　2010年
ロドリク・ブレスウェート『モスクワ攻防1941――戦時下の都市と住民』（川上洸訳）白水社　2008年
鈴木健夫『ロシアドイツ人――移動を強いられた苦難の歴史』亜紀書房　2021年
ボリス・スラヴィンスキー『日ソ戦争への道――ノモンハンから千島占領まで』（加藤幸廣訳）共同通信 1999年
長勢了治『シベリア抑留全史』原書房　2013年
小林昭菜『シベリア抑留――米ソ関係の中での変容』岩波書店　2018年
Y. Gorlizki, Z. Khlevniuk, The Cold Peace: Stalin and the Soviet Ruling Circle 1945-1953, Oxford University Press, 2003
立石洋子『スターリン時代の記憶――ソ連解体後ロシアの歴史認識論争』慶應義塾大学出版会　2020年
大木毅『独ソ戦――絶滅戦争の惨禍』岩波新書　2019年
和田春樹『スターリン批判1953～56年――一人の独裁者の死が、いかに20世紀世界を揺り動かしたか』作品社 2016年
藤沢潤『ソ連のコメコン政策と冷戦――エネルギー資源問題とグローバル』東大出版会　2019年
高橋沙奈美『ソヴィエト・ロシアの聖なる景観――社会主義体制下の宗教文化財、ツーリズム、ナショナリズム』北海道大学出版会　2018年
アレクセイ・ユルチャク『最後のソ連世代――ブレジネフからペレストロイカまで』（半谷史郎訳）みすず書房 2017年
アーチー・ブラウン『ゴルバチョフ・ファクター』（小泉直美・角田安正訳）藤原書店　2008年
アーチー・ブラウン『共産主義』（下斗米他訳）中央公論新社　2011年
石郷岡建『ソ連崩壊1991』書苑新社　1998年
下斗米伸夫『ソ連崩壊の深層――エリツィン政治の光と影』作品社　2021年

文献案内

ソ連史に関する内外の膨大な文献を短い紙幅で個別論文やモノグラフにまで論及することは不可能である。ここでは主としてこの20年間前後、とくに21世紀に入って書かれたもので比較的代表的なもの、入手しやすいもの、重要と筆者が判断したもののみを選択した。研究史についてはデイビィス（1998)、日本語では、より専門的な業績には「ロシア史研究」（ロシア史研究会発行）のバックナンバーなどを参照されたい。

さらにソ連政治に関心をもった読者には、下斗米の『ソ連現代政治』（第２版・東大出版会・1990年）と、その関連文献、また、ソ連崩壊後の主要文献については、『ソビエト連邦史』を見てほしい。

史料集としては、ロシア語だが、ペレストロイカの旗手だったA・ヤコブレフらが編纂した民主主義基金の数十冊の史料集『ロシア20世紀』シリーズ はその後も刊行されており、ロシア語が読め、歴史に関心ある読者には参考になる。また秘密警察から30名ほどのトップに送られた『極秘：ルビヤンカからスターリンへ』は、ソ連形成期、特に20年代の統治の実態を示して興味深い。その他「ソ連の核プロジェクト」の資料集、第二次世界大戦の外交から、個別に関与した政治家、学者の回想まで、ロシア語が読める人々には宝の山がある。宗教と党とか、ネップの終焉から集団化、30年代の飢饉といった問題もまた同様である。30年代飢饉史料などは史料館は閉鎖的となったが、2008年前後、ウクライナのユーシチェンコ政権が、危機はスターリンがウクライナ人のジェノサイドをもくろんだことが原因だという主張をめぐる争いに関連し、スターリンはソ連の農民全体を犠牲にしたという観点からのロシア側史料を出している。プーチン・メドベージェフ期には『歴史の偽造との闘争委員会』（A・トルクノフ委員長）が出す史料が、その時々の政治状況での「歴史戦線」での変化を物語った。ちなみにトルクノフは『朝鮮戦争の謎と真実――金日成、スターリン、毛沢東の機密電報による』の著者として知られる北朝鮮問題の専門家である（五百旗頭真、下斗米伸夫、A・トルクノフ、D・ストレリツォフ編『日ロ関係史――パラレル・ヒストリーの挑戦』東大出版会　2015年［露語版は同年、英語版は2020年]）。

なお、ソ連史を知るためには映画や音楽も身逃せない。エイゼンシュタインからカネフスキー、ソ連・ロシア国歌をつくったミハルコフ一族の作品、タルコフスキーが参考になる。この他個別の作品（DVD)『懺悔』『我が友イワン・ラプシン』『モスクワは涙を信じない』『第9中隊』『ホバンシチーナ』『フルスタリョフ、車を』（ゲルマン）などがある。なお沼野充義他編『ロシア文化事典』（丸善　2019年）が文化事典として参考になる。

総合的通史

下斗米伸夫『ソビエト連邦史』講談社学術文庫　2017年
松戸清裕『ソ連史』ちくま新書　2011年
R.W.デイヴィス『現代ロシアの歴史論争』（内田健二・中嶋毅訳）岩波書店　1998年
D. Orlovsky（ed.,), Beyond Soviet Studies, W. Wilson Center, 1995
R. Service, A History of Modern Russia, Penguin, 2003
R, G, Suny, The Soviet Experiment, Russia, the USSR, and the Successor States, Oxford, 1998
A.S, Akhiezer, Rossiya, kritika istoricheskogo opyta, t. 1, Novosivirsk, 1998
Vadim Kozhinov, Rossiya Vek XX-I, M. Argoritum, 2008
R. G. Pikhoya, Sovetskii soyuz: istoiya vlasti, M., 1998
Moskva, Kreml'ivlast, 2007
Solomon Volkov, Istoriya Russkoi kul'tury XX veka, 2008
ソロモン・ヴォルコフ『20世紀ロシア文化全史――政治と芸術の十字路で』（今村朗訳）　河出書房新社　2019年
松戸清裕他編『ロシア革命とソ連の世紀』全五巻　岩波書店　2017年
下斗米伸夫編『ロシアの歴史を知るための50章』明石書店　2016年

個別研究で参考になったもの

Roy. R. Robson, Old Believers in Modern Russia, Northern Illinois University Press, 1995

◉著者略歴

下斗米伸夫（しもとまい・のぶお）
法政大学名誉教授。現在、神奈川大学特別招聘教授。一九四八年札幌市生まれ。東京大学法学部博士課程修了。法学博士。主な著書に『ソ連現代政治』『ロシア現代政治』（東京大学出版会）、『ゴルバチョフの時代』『スターリンと都市モスクワ』『モスクワと金日成』（岩波書店）、『ペレストロイカを越えて』『新危機の20年――プーチン政治史』（朝日選書）、『ソ連＝党が所有した国家』（講談社選書メチエ）、『日本冷戦史』『ソビエト連邦史』（講談社学術文庫）、『アジア冷戦史』（中公新書・アジア太平洋賞特別賞受賞）など多数。訳書に、A・V・トルクノフ『朝鮮戦争の謎と真実』（草思社）などがある。

ふくろうの本

増補改訂版
図説 ソ連の歴史

二〇一一年 四 月三〇日初版発行
二〇二一年一一月二〇日増補改訂版初版印刷
二〇二一年一一月三〇日増補改訂版初版発行

著者……………………下斗米伸夫
装幀・デザイン……水橋真奈美（ヒロ工房）
発行者…………………小野寺優
発行……………………株式会社河出書房新社
〒一五一-〇〇五一
東京都渋谷区千駄ヶ谷二-三二-二
電話　〇三-三四〇四-一二〇一（営業）
〇三-三四〇四-八六一一（編集）
https://www.kawade.co.jp/

印刷……………………大日本印刷株式会社
製本……………………加藤製本株式会社

Printed in Japan
ISBN978-4-309-76310-1